Educare nella relazione.
Buber, Montessori, Rogers

Indice:

Introduzione

Martin Buber

Carl Rogers

Maria Montessori

Relazione a confronto

Introduzione

La parola *educare*, dal latino *ex-ducere*, ovvero *condurre fuori*, custodisce in sé l'arte di saper cogliere il meglio da una persona e farlo emergere. Il "tesoro delle eterne possibilità", termine con cui Martin Buber si riferisce al bambino, mostra la dinamicità dell'essere umano fin dalla nascita. L'uomo non possiede caratteri psicologici immutabili, ma stati d'animo, fasi di sviluppo e periodi di vita in continuo mutamento e sempre in divenire, come confermano anche le recenti scoperte neuroscientifiche. Con questo lavoro di ricerca si è provato allora a mostrare quale importante e prezioso ruolo svolga l'educazione, intendendo non solo il processo che vede l'adulto educare un bambino, ma in una più articolata e multiforme complessità.

Ad esempio, per educare occorre compiere un'azione di auto-educazione, un percorso di conoscenza di sé che offra al soggetto "educante" l'occasione di ascoltarsi, comprendersi e accettarsi nei propri limiti, guardando con fiducia alle proprie possibilità di sviluppo. La *forza attualizzante* di Rogers è l'energia che l'individuo possiede dentro di sé che chiede libertà d'espressione.

Solo l'uomo che saprà accettarsi nella propria essenza, guardarsi senza pregiudizi, senza mentire, potrà relazionarsi nella modalità autentica di cui parla Martin Buber dando voce alla propria *forza attualizzante*.

L'educazione è anche relazione: auto-educarsi prevede che l'uomo sappia dialogare autenticamente con se stesso, per poterlo fare anche con gli altri. Prendere parte al processo educativo di un bambino significa, quindi, accettare l'instaurarsi di una relazione profonda e sincera. La psicoterapia Rogersiana centrata sul cliente, si pone l'obiettivo di educare il paziente ad autoeducarsi: ovvero, a ritrovare in lui quella sincerità, quella purezza nei confronti di un sé che ha perduto. Questa conquista potrebbe costituire la base di partenza per la costruzione della relazione *Io-Tu* descritta da Martin Buber, ma non solo. La conoscenza di sé, unita all'umiltà, all'assenza di giudizio, alla calma e alla pazienza permette alla maestra di Maria Montessori, di educare bambini felici e sereni.

La capacità, per l'uomo, di accettarsi nella propria realtà, nella propria unicità non è da costruire, ma da ritrovare. Il bambino che durante l'infanzia ha potuto sperimentare la libertà d'azione, di pensiero e di scelta, potrà essere un uomo libero interiormente. Sarà sereno nell'accettare le proprie emozioni, le esperienze positive e negative che la vita riserverà per lui senza doverle allontanare per paura del giudizio altrui. Questa sicurezza in se stesso gli permetterà di instaurare relazioni autentiche, reali, significative.

Il lavoro seguente si pone l'obiettivo di far nascere un dialogo tra tre autori provenienti da ambiti differenti che hanno, però, analizzato questi temi, creando importanti affinità di pensiero. Martin Buber (1878-1965), filosofo, teologo e pedagogista austriaco, Carl Rogers (1902-1987), psicologo statunitense, fondatore della terapia non direttiva e Maria Montessori (1870-1952) pedagogista, filosofa, scienziata, medico nonché educatrice.

Ogni autore viene analizzato a partire dalla sua concezione di relazione, attraverso l'esposizione e l'elaborazione dei concetti chiave del loro lavoro.

Buber viene presentato mediante l'esplorazione del suo articolato pensiero filosofico secondo il quale l'uomo non può essere concepito come tale al di fuori dei legami che instaura. Il soggetto si relaziona con la natura, con le altre persone e con le essenze spirituali decidendo la modalità con cui instaurare tali rapporti. Secondo l'autore sarà un uomo reale, autentico colui che accetterà se stesso, il mondo e gli altri per la loro essenza, senza provare desiderio di possesso e dominio. Questa è la strada che l'uomo deve percorrere per poter vivere una relazione *Io-Tu*, la relazione per eccellenza.

Il pensiero di Martin Buber si articola intorno a due concetti basilari definiti "parole fondamentali". La prima parola fondamentale è *Io-Tu,* ed include il mondo reale, la relazione, l'accettazione incondizionata dell'altro, l'apertura e la disposizione ad instaurare con l'altro un dialogo autentico. La seconda è *Io-Esso*, indicante il mondo del possesso, dell'avere e, di conseguenza, delle "false" interazioni.

La relazione, dal punto di vista di Rogers, è analizzata sul terreno della psicoterapia, ambito d'azione dell'autore. L'intento del lavoro di Rogers fu quello di delineare il rapporto che l'uomo deve instaurare con se stesso per poter "viver bene" e tessere legami con gli altri. Ma oltre a questo la relazione è anche quella, profonda e sincera, che lo psicoterapeuta crea con il cliente. L'approccio centrato sulla persona è la filosofia che soggiace al pensiero di Rogers, che può essere intesa come una specifica modalità relazionale applicabile ad ogni ambito della vita: istituzioni, ambiente di lavoro, rapporto di coppia ed educazione.

Infine arriviamo a Maria Montessori, che si occupò per tutta la vita dell'infanzia, considerando il bambino protagonista del proprio processo educativo. Il bambino è in relazione costante con l'ambiente, definito dalla Montessori "maestro". Esso è ordinato, scientifico, pensato e organizzato per lo sviluppo autonomo e naturale del bambino. Parlando dell'ambiente, la Montessori si riferisce all'*ambiente fisico*, quando tratta dell'arredo scolastico e domestico insieme al materiale scientifico presente in aula e degli spazi di vita del bambino. Parla di *ambiente emotivo* riferendosi all'approccio che l'adulto deve adottare nei confronti del bambino. Infine di ambiente *relazionale* quando illustra lo straordinario valore dell'educazione tra pari, nonché il rispetto e l'accoglienza da riservare al prossimo.

Nella seconda parte del libro il pensiero degli autori converge su alcuni concetti: unità e realtà, libertà e partecipazione, ad esempio, mostrandone i punti di contatto e le dissonanze.

Ciò che viene proposto nell'ultima parte del testo, è la possibilità reale e concreta che la società ha di educare nella relazione attraverso la costituzione di un reale e profondo rapporto tra i soggetti coinvolti. Tale rapporto permette lo sviluppo e la crescita di persone autonome, libere, sincere e aperte all'ascolto di sé e degli altri, figure che sappiano allontanarsi dai pregiudizi e dalla falsità. Ecco che a sostegno del raggiungimento di questo obiettivo, gli intenti educativi dei tre autori sembrano confluire in un'unica tipologia: il bambino è posto al centro del processo educativo e il maestro si spoglia dei panni dell'oratore per vestire quelli propri di un "accompagnatore". Il bambino, nel "viaggio" dell'autoeducazione, sceglie il proprio percorso di sviluppo in un ambiente, fisico ed emotivo, preparato ad accoglierlo nella sua unicità. Il maestro non possiede un programma da ripetere con ogni educando, ma, ogni volta, insieme all'allievo costruisce un nuovo programma. La libertà di movimento, di pensiero, di scelta e d'espressione sono caratteristiche peculiari dell'educazione nella relazione. Il bambino, in un *clima agevolante*, cresce sicuro di sé, pronto ad affrontare le esperienze e le relazioni future, non timoroso del giudizio altrui, ma curioso di conoscere ed accogliere il loro pensiero, magari divergente.

Il bambino educato nella relazione, sembra poter vivere ogni tipo di relazione e pare possedere le caratteristiche per divenire quel "grande carattere", raccontato da Buber.

Martin Buber (1878-1965)

La relazione

Buber affronta il concetto di relazione e dà vita al suo pensiero filosofico, che possiamo definire dialogico, in un periodo storico in cui l'uomo occidentale si trova in una particolare situazione critica, dove il suo compito consiste nel darsi delle risposte fondamentali circa la sua esistenza, la sua posizione nel mondo e nell'umanità. L'uomo é solo in questa impresa, indifeso e senza più una casa sicura cui tornare per arrivare alle risposte che cerca e che comunque deve trovare. E' senza le rassicurazioni cosmiche, religiose e sociali proprie di altre epoche. Questa è una novità, secondo Buber, dell'epoca moderna, dalla rivoluzione copernicana del XVI secolo in poi[8].
In questo scenario Buber medita sulla condizione solitaria dell'uomo nel mondo. L'essere umano deve imparare a conviverci trasformando l'occasione di riflettere sulla propria esistenza come una possibilità più che un ostacolo.

1 MARTIN BUBER,POMA ANDREA (a cura di) *Il principio dialogico e altri saggi*, Cinisello Balsamo (Milano), Edizioni San Paolo, 1993, p. 12

"La solitudine è la condizione perché l'uomo si ponga il problema dell'uomo"[1]

L'uomo non troverà la soluzione, costruendosi un'immagine fissa di sé nel mondo perché questa è una posizione che l'uomo non può più permettersi. Il mondo è diverso, in continuo e rapido mutamento, le certezze fisiche, scientifiche, filosofiche e religiose sono state messe in discussione e hanno perso la loro funzione di culla, di rassicurazione e specchio per l'uomo.

La sicurezza dell'uomo circa la sua esistenza è considerata dal filosofo perduta.

Buber evidenzia come di fronte alla solitudine dell'uomo esistano due modi di porsi sperimentati dalla storia: l'individualismo e il collettivismo. Entrambi, per lui, inadeguati.

L'individualismo non permette, infatti, all'uomo di mostrarsi nella sua interezza personale perché è una condizione che offre la sterile possibilità di comprendere solo una parte di sé.

Il collettivismo, è, a sua volta, una condizione di vita nella quale l'uomo viene ridotto ad una parte del tutto, inducendolo a perdersi nella massa.

---

1 ibidem, p.13

L'individualità si costituisce tramite separazione, mentre la persona si costituisce nella relazione con gli altri[2], ecco perché, secondo la concezione buberiana, l'unica via possibile risiede nella relazione tra uomo e uomo. Solo nell'incontro con l'altro ognuno può ritrovare se stesso ed uscire dall'isolamento. E' questa la strada per entrare in quella che Buber definisce la realtà autentica.

L'essenza dell'uomo che trova spazio solo nell'incontro con un altro individuo è sicuramente un aspetto del pensiero di Buber che si fonda sulla sua appartenenza al mondo occidentale. In queste parole possiamo ritrovare quel Feuerbach, che articola il concetto di uomo attorno al bisogno di vedersi parte di un incontro per poter esistere[3].

L'essere umano può superare la sua condizione di *individuo* per diventare *persona*.

Ovvero l'uomo in relazione.

Questa distinzione è determinata dalla considerazione che ognuno ha di se stesso.

L'individuo dice al mondo e quindi anche agli altri uomini, "io sono così" ovvero rende importanza fondamentale alle sue particolarità e

2 ibidem, p. 105

3 MILAN GIUSEPPE, *Educare all'incontro, la pedagogia di Martin Buber*, op.cit, p.26

ai suoi tratti (le caratteristiche fisiche, la voce, il portamento, etc..) perché è tramite questi che si sente rappresentato.

L'individuo ha l'obiettivo di analizzare ciò con cui entra in contatto o chi incontra, vuole possederli e utilizzarli. Per ogni oggetto o soggetto si focalizza sull'analisi delle particolarità, modalità per lui, di comprendere ciò che è differente da sé.

L'individuo si realizza, perciò, attraverso la differenziazione, ovvero tramite la separazione dall'altro.

"l'individualità si manifesta distinguendosi da altre individualità"[4]

Esiste, poi, *la persona*.

La persona sceglie di porsi nei confronti del resto del mondo secondo una modalità differente, ovvero dicendo "io sono".

La *persona* se pensa a sé non si sofferma sui particolari che la costituiscono ma si guarda come unità ed è questo lo sguardo che pone anche nei confronti degli altri oggetti e soggetti.

La *persona* vede nell'altro un qualcosa di unico e unitario, non un insieme di particolari. Il suo

---

4 MARTIN BUBER, ANDREA POMA (a cura di) *Il principio dialogico e altri saggi,* op.cit.,p.20

sguardo non intende analizzare, ma confermare e riconoscere l'altro per quello che è.

E' questa la modalità d'esistere cui Buber dice all'uomo di ambire, perché è così che si può entrare in relazione con l'altro, facendo nascere una relazione che non fonda le sue basi sulla differenziazione e l'analisi, ma sull'incontro. E' questa la strada che permette all'uomo di entrare nella dimensione della relazione autentica.

La relazione *Io-Tu*.

Le parole fondamentali Io-tu, Io-esso

L'atteggiamento dell'uomo verso il mondo come quello verso gli oggetti, le persone e le entità spirituali è duplice: l'uomo sceglie la modalità relazionale da instaurare con ciò che è fuori da sé. La scelta è racchiusa nella parola fondamentale da pronunciare: l'uomo quando intraprende un percorso di incontro con l'altro (sia esso oggetto, opera d'arte, persona od entità spirituale) decide di pronunciare una delle parole fondamentali, che non sono singole parole, ma coppie.

L'uomo può scegliere tra la parola fondamentale *Io-Tu* o la parola fondamentale *Io-Esso*.

Le caratteristiche, l'atteggiamento e la sostanza dell'*Io* cambiano a seconda che questo sia accompagnato dalla parola *Tu* o dalla parola *Esso*. Non è concepibile l'*Io* da solo *i*n quanto può esiste solo all'interno di una delle parole fondamentali.

Per l'essere umano la relazione è inevitabile ma può essere differente.

Ritengo necessario precisare che quando Buber parla di relazione, nel senso più alto del termine, ovvero vera ed autentica si riferisce unicamente al rapporto *Io-Tu*, che, prendendo in prestito le parole di Shlomit C. Schuster, possiamo definire un incontro genuino. La genuinità e la qualità delle persone che partecipano alla relazione hanno la massima importanza[5].

Per usare le parole dell'autore della filosofia dialogica, "chi dice *Tu* non ha alcun qualcosa ma sta nella relazione"[6]. E' in queste parole che è racchiuso il concetto di Buber di mancanza di possesso all'interno della relazione. Niente appartiene a nessuno, non esistono mezzi tra coloro che si incontrano e che decidono di non appropriarsi l'uno dell'altro.

E' solo all'interno della parola fondamentale *Io-Tu* che l'uomo può sperimentare che cosa sia davvero la relazione.

Quando ad essere pronunciata è la parola fondamentale *Io-Esso,* atteggiamento oggettivizzante dell'*Io*[7], l'uomo si trova nell'ambito della sperimentazione dell'altro.

L'uomo trovandosi di fronte al mondo può scegliere, ed è qui contenuta la libertà per come la intende Buber, di osservare ciò che vede o di contemplarlo. Se l'uomo decide di osservare è perché ha in sé l'intento di soffermarsi sui

---

5 SHLOMIT C. SCHUSTER, L*a pratica filosofica,* Milano, Apogeo Editore, 2006, p. 121

6 MARTIN BUBER, *Le parole di un incontro,* Roma, Città Nuova Editrice, 2000, p. 10

7 MILAN GIUSEPPE, *Educare all'incontro, la pedagogia di Martin Buber,* op.cit., p.35

particolari delle cose, della natura o delle persone. Seguendo questo percorso procederà ad analizzare le peculiarità dell'oggetto in questione ponendo la sua attenzione alla cattura del maggior numero di particolari possibili e a confrontare questi tratti con le caratteristiche proprie della sua persona per notare cosa li differenzi. E' così che l'uomo decide di porsi nei confronti dell'altro pronunciando la parola fondamentale *Io-Esso*. L'altro diventa oggetto, una cosa da conoscere, esperire e possedere, l'*Io* opta per l'utilizzo l'altro.

Questa scelta impedisce lo svilupparsi di relazione perché l'approccio che l'*Io* instaura con l'altro non consente il costituirsi di condizioni favorevoli per il manifestarsi di un rapporto relazionale autentico tra i due soggetti. L'osservazione può cedere il posto ad un'altra modalità di porre lo sguardo sull'altro che Buber chiama contemplazione. L'uomo entra nella dimensione contemplativa quando decide di abbandonare il mondo dell'esperienza per guardare all'altro uomo, al mondo e alle cose o alle entità spirituali in chiave relazionale. L'*Io*, in questo caso, decide di relazionarsi con l'altro, non di farne esperienza, opta per quella che Buber chiama accettazione e conferma dell'altro. L'*Io* si mostra per quello che è, nella sua unità ed unicità ed è con questo stesso spirito che accoglie.

Quando l'*Io* è in grado di non soffermarsi sui particolari che costituiscono l'altro essere, ovvero di oggettivarlo, può significare che l'*Io* sia intenzionato ad instaurare una relazione autenticaponendosi verso di lui come verso un' essenza, unica e unitaria.

L'*Io* ha di fronte a sé un *Tu*.

Effettuando il passaggio dalla molteplicità all'unicità è stato compiuto il passo che consente di vedere di fronte a sé una persona.

Per la sua formazione, i suoi studi e il suo percorso spirituale, Buber si dedica alla ricerca di come l'uomo può raggiungere Dio a cui il filosofo assegna il nome di "Tu eterno". La scelta di questi attributi serve a Buber per parlare di Dio nel linguaggio della filosofia della relazione. Egli è convinto che solo il pronome *Tu* possa essere utilizzato per parlare di Dio poiché Egli si rivela all'uomo nella relazione, ed è qui che si manifesta la massima espressione della relazione per come la intende il filosofo.

Proprio per la dimensione spirituale in cui Buber vede calato l'uomo, nei suoi scritti tende a precisare la non necessarietà della parola parlata perché possa esistere relazione.

Nel lavoro che Buber compie sulla relazione tra uomo è Dio e possibile notare l'influenza che la filosofia di Kierkegaard, filosofo danese con cui spesso Buber ha deciso di confrontarsi[8]. E' nelle sue parole che Buber trova validi elementi a riguardo della relazione dell'uomo con Dio, ma non trova sostegno, anzi trova un atteggiamento di negazione, circa i rapporti dell'uomo con gli altri uomini con il mondo. L'interesse per le relazioni terrene dell'uomo sono argomento, invece, del filosofo Feuerbach, dalle quali sentenze, Buber, dice essere stato folgorato.[9]

Ritornando al ruolo giocato dalla parola in ambito relazionale, è all'interno del suo testo *Il principio Dialogico*, che possiamo veder chiarito il concetto che Buber sviluppa attorno alla parola, intesa come parola parlata e il valore che ne attribuisce.

Quando si riferisce alla parola parlata, intende il linguaggio, comunemente utilizzato dall'uomo per comunicare i suoi intenti, ma questo non è l'unico strumento che consente l'instaurarsi di una relazione *Io-Tu*, che invece può nascere anche al di fuori dell'ambito della parola detta.

Buber immagina le relazioni che l'uomo può instaurare con l'esterno secondo dei livelli

8 MARTIN BUBER, ANDREA POMA (a cura di), *Il principio dialogico e altri saggi*,op.cit.p. 229

9 GIUSEPPE MILAN, *Educare all'incontro. La pedagogia di Martin Buber*, op.cit. p.p. 26-27

determinati dall'utilizzo o meno della parola parlata.

"La parola è una realtà ontologica, identica nella sua autenticità, alla relazione, di cui il linguaggio è solo un'espressione fenomenica, importante, ma non essenziale."[10]

Al di sotto della parola parlata Buber colloca la relazione che l'uomo instaura con la natura e al di sopra di essa trova posto la relazione che l'uomo tesse con l'essenze spirituali.
Per meglio comprendere questo concetto reputo utile illustrare i tre livelli di relazione a cui il filosofo attribuisce il nome di sfere di relazione.
Le sfere contemplate sono tre: nella prima l'uomo incontra la Natura, nella seconda giace l'incontro tra gli uomini e la terza sfera custodisce le relazioni tra l'uomo e le essenze spirituali.
Nel rapporto con la Natura la relazione non diviene manifesta perché la parola parlata non può trovare spazio. Le creature della natura reagiscono di fronte all'uomo, ma non possono giungervi.
Nella relazione con le essenze spirituali la parola parlata è inutile: l'uomo può pronunciare *Tu*

---

10 MARTIN BUBER, ANDREA POMA (a cura di), *Il principio dialogico e altri saggi*,op.cit.p. 62

senza scandirlo con le labbra, ma lo può dire interiormente, tramite il suo spirito. E' qui che possiamo dire la parola fondamentale *Io-Tu*, senza realmente pronunciarla, ma semplicemente comunicandola con il nostro essere.

Troviamo manifestazione della relazione detta, nella sfera dove dedicata all'incontro tra gli altri uomini. In questa dimensione la relazione è manifesta, l'uomo può dare e ricevere *Tu* perché é nell'ambito della reciprocità.

La relazione è reciprocità perché non solo non è riduzione dell'altro ad oggetto, ma neanche riduzione dell'altro al proprio *Io*. Quando l'uomo si approccia al prossimo pronunciando la parola fondamentale *Io-Tu*, decide di riconoscere ed accettare l'altro nella sua alterità.

Buber intende la reciprocità non come scambio di contenuti identici, ma come un reale modo di essere che prevede il coinvolgimento attivo di entrambi i partecipanti. E' impossibile concepire la reciprocità come un equilibrio, una misura uguale tra ciò che si dà e ciò che si riceve. In una relazione reciproca entrambi i soggetti sono attivi e coinvolti con tutta la loro persona, faccia a faccia[11]. E' invece in un rapporto di esperienza, dove manca la reciprocità che soltanto l'*Io* svolge un ruolo attivo, riservando all'altro una posizione di passività.

Come abbiamo precedentemente accennato, l'uomo relazionandosi con l'altro decide di escludere dal rapporto l'esperienza (ovvero l'utilizzo dell'altro). Pronunciare un *Tu* significa decidere di non esperire, di non porre tra l'altro e sé alcun mezzo. Ovvero rinunciare al mondo dell'*Esso*.

L'esperienza è lontananza dal *Tu*.

Quando l'uomo esperisce l'altro è destinato a conoscere solo l'insieme dei particolari che lo compongono, ma è solamente quando vi rinuncia che sarà per lui possibile conoscere l'altro come un tutto.

[...] osservo un albero.

posso percepirlo come un'immagine: pilastro immobile nel fulgore accecante della luce, o verde acceso attraversato dalla mitezza dell'azzurrino fondo argentato. Posso percepirlo come movimento: fluire della venatura sul nucleo saldo e anelante, succhiare delle radici,

11 VOJCIECH HENRYK ADAMCZEWSKI, *Il significato del dialogo nell'incontro interumano alla luce della filosofia di Levinas*, Roma, Edizioni Pontificia Università Gregoriana, 2007, p.p. 289-290

respirare delle foglie, scambio infinito con la terra e con l'aria. e lo stesso crescere oscuro. Posso classificarlo in una specie e osservarlo come un esemplare, a seconda di com'è fatto e di come vive.

Posso lasciare da parte la sua particolarità e il modo in cui è fatto, al punto da riconoscerlo solo come un'espressione della legge, di quelle leggi per cui una continua opposizione di forze continuamente si ricompone, o di quelle leggi per cui gli elementi materiali si uniscono e si separano. Posso dannarlo e immortalarlo nel numero, nella pura relazione numerica.

Con tutto ciò l'albero rimane per me un oggetto, un oggetto nello spazio e nel tempo, con il suo modo e le sue caratteristiche.

Tutto ciò che appartiene all'albero è li insieme, la sua forma e la sua meccanica, i suoi colori e la sua chimica, il suo discorrere con gli elementi e il discorrere con gli astri, e tutto in una totalità.

L'albero non è un'impressione, non è un gioco della mia immaginazione, non è uno stato d'animo, ma è un corpo vivo davanti a me e ha a che fare con me, come io con lui, solo in un modo diverso.[12]

_____

12 MARTIN BUBER,ANDREA POMA (a cura di), *Il principio dialogico e altri saggi*,op.cit.p.62-63

Ciò che caratterizza l'essere umano è la sua possibilità di scegliere la strada da percorrere trovandosi di fronte ad un altro essere. L'uomo ha il diritto di scegliere la risposta da offrire, può scegliere se rispondere. Quando la sua è una risposta affermativa significa che il soggetto ha deciso di accettare l'incontro con l'altro, di mostrarsi a lui per ciò che è realmente ed è questa la strada che consente all'uomo di ottenere la libertà, quella autentica che consiste, appunto, nel rispondere al proprio destino[13]. Buber parlando di destino intende la parola (non necessariamente parlata, come abbiamo specificato) che viene rivolta all'uomo inaspettatamente.

---

13 ibidem p.101

La duplicità del mondo e dell'uomo

Buber attribuisce al mondo una duplice possibilità di manifestarsi, in quanto due sono le modalità secondo le quali l'uomo può decidere di guardare il mondo. Può decidere di approcciarsi seguendo la via dell'esperienza, la dimensione *Io-Esso*.

Ma l'essere umano è dotato della possibilità di scegliere anche un tragitto differente ed incamminarsi così sulla via della relazione. In questo modo si accosta al mondo secondo la modalità propria della parola fondamentale *Io-Tu*.

Optando per il rapporto Io-*Esso*, l'uomo riduce ciò che lo circonda ad oggetti che con il suo sguardo intende ordinare, misurare, possedere. L'essere umano padrone di questo sguardo è l' *individuo*: colui che sperimenta l'altro. L'*individuo* non vive la relazione, ma ha il vantaggio di stare in un mondo affidabile, ordinato, immutabile, socialmente riconosciuto e condiviso. Lo stesso mondo si presenta uguale a tutti gli sguardi che riceve. E' un mondo che concede sicurezza, certezze perché è ripercorribile, governabile e possiede confini chiari e ben delimitati.

Ma oltre a ciò è un mondo che resta estraneo, che rimane un oggetto inserito nel regno della causalità.

Buber specifica all'interno dei suoi scritti come questo approccio al mondo sia per l'uomo in parte inevitabile: senza la manipolazione della materia non ci sarebbe stato progresso, sviluppo tecnologico e modernizzazione. Ma ciò che permette all'uomo di elevarsi dalla condizione di *individuo* e spingersi verso la condizione di *persona* è la capacità del soggetto di non limitarsi a vivere il mondo esclusivamente come esperienza, ma riuscire, all'interno di questa posizione per l'uomo inevitabile, a pronunciare la parola *Tu*.

Tra le pagine de *Il principio Dialogico* possiamo comprendere chiaramente che l'individualità nell'uomo non è male, come non lo è la materia nel mondo dell'essere, ovvero, nel mondo della relazione. L'individualità diventa male quando, unita alla materia, sovrasta l'uomo impedendo alla persona e alla relazione di manifestarsi.

"la volontà d'uso e la volontà di potenza dell'uomo agiscono naturalmente e legittimamente fintanto che sono congiunti alla volontà di relazione dell'uomo e ne sono sostenute"[14].

---

14 ibidem, p.93

Il mondo appena descritto trova per Buber il nome di mondo dell'*Esso* che viene associato dal filosofo all'avere, perché è il mondo del possesso.

Al mondo dell'avere si contrappone il mondo dell'essere, ovvero il regno della relazione.

In questo modo pone a confronto i limiti spazio temporali del primo con l'unicità e l'imprevedibilità del secondo, la causalità con la volontà.

L'accesso al mondo della relazione è condizionato alla scelta dell'uomo di vivere come persona offrendosi al mondo attraverso un nuovo sguardo: la persona guardandosi intorno non incontra un oggetto, ma una essenza. Con ogni essenza l'uomo entra in relazione e non sente il desiderio di appropriarsene o di agire su di essa. All'interno di questa dimensione vengono meno la misura ed il controllo da parte dell'uomo sul mondo ora privo di un ordine proprio e condiviso.

E' l'uomo, attraverso i suoi incontri ad ordinare il mondo.

La mutabilità diviene caratteristica fondante di questo "nuovo" mondo, l'unicità non è più peculiarità del mondo circostante ma del soggetto stesso che costruisce il proprio mondo attraverso le relazioni che instaura.

"Senza l'*Esso* l'uomo non può vivere. Ma colui che vive solo con l'*Esso* non è l'uomo"[15].

Buber è convinto che l'uomo abbia la capacità di mantenere unite queste due dimensioni: oggettività-soggettività, avere-essere, *Esso-Tu*, sperimentazione-relazione.

Ciò perché è in grado, se lo desidera, di incorporare il mondo della relazione all'interno del mondo dell'*Esso* dal quale, come abbiamo specificato, non possiamo prescindere.

All'interno del mondo materiale l'uomo guarda all'altro come ad un oggetto da esperire e può fare ciò anche pronunciando un *Tu* non autentico, ovvero un *Esso* travestito da *Tu*.

Ma l'uomo possiede la facoltà di pronunciare un *Tu* autentico anche all'interno del mondo dell'oggettività: ciò gli è possibile quando decide, trovandosi di fronte a qualcuno o a qualcosa, di non vedere una cosa tra le cose, un processo tra i processi ma esclusivamente una presenza.

La presenza per Buber è l'assenza di contenuto tra l'*Io* e il *Tu*: per esserci relazione è necessario che non ci siano mezzi, deve cadere qualsiasi oggettualità e qualsiasi coordinata spazio-temporale, concedendo in questo modo il

_____

15 ibidem,p.83

manifestarsi della presenza dell'altro. Il presente è relazione.

All'interno del mondo dell'*Esso*, della conoscenza, dell'oggettività in cui l'uomo vive può nascere il mondo del *Tu*, quando decide di "trascurare" le vesti di *individuo* per calzare i panni della *persona*. Compiendo questo gesto l'uomo porta a compimento quello che Buber chiama "atto di conoscenza, come atto reale e operante tra gli uomini"[16].

Oltre alla duplicità del mondo Buber esplica il concetto di duplicità proprio dell'uomo. Sicuramente l'interesse coltivato negli anni per la tradizione chassidica ha condotto Buber all'analisi e all'approfondimento della dualità dell'uomo ebraico e al suo sforzo verso l'unità[17]. L'intento di Buber è quello di avvicinare l'uomo occidentale alla concezione di unità della persona a partire dalla presa di coscienza della propria dualità originale.

Anche se, *Io-Esso e Io-Tu* sono di fatto lo stesso soggetto, il loro rapportarsi nei confronti dell'altro fa sì che l'*Io* (esso) si manifesti nel mondo come soggetto, mentre si manifesta quale

---

16 ibidem,p.p.86

17 MARTIN BUBER, *Sette discorsi sull'ebraismo*, Assisi-Roma,Edizioni Carucci, 1976,p.21

soggettività l'*Io* che sceglie il mondo della relazione.

Il soggetto, ovvero l'*individuo*, si pone l'obiettivo di distinguersi dagli altri, porre una distanza fatta di differenze, tra sé e l'altro.

Quest'uomo ricerca in sé le sue particolarità, quelle che lo caratterizzano e distinguono da un altro. Tale modalità di percepirsi è la stessa che mette in campo quando deve conoscere un altro soggetto.

E' invece la soggettività, ovvero la *persona*, a ricercare nell'incontro la relazione. Guardandosi allo specchio o guardando gli altri la soggettività ricerca l'essenza, l'unicità, l'insieme armonioso delle caratteristiche e si pone realmente, per ciò che è di fronte all'altro.

"Come la melodia non è un insieme di suoni, il verso non è un insieme di linee, occorre strappare e lacerare per arrivare dall'unità alla molteplicità, così è per l'uomo, al quale dico *Tu*. Posso considerare separatamente il colore dei suoi capelli, il tono del suo discorso, la gradazione della sua bontà: devo sempre di nuovo farlo, ma già egli non è più un *Iu*[18]"

Per questo motivo Buber posiziona la soggettività, ovvero la persona, all'interno di un

---

18 MARTIN BUBER, *Le parole di un incontro*, op.cit. p.4

mondo reale che è il mondo dell'essere, e pone invece il soggetto, ovvero l'individuo, in un mondo irreale che è il mondo dell'avere.

Nel mondo irreale l'uomo vuole apparire, mentre nel mondo reale vuole essere.

L'uomo comune quasi mai è tutto *individuo* o tutto *persona*, le due componenti sono spesso mescolate, pur prevalendo un atteggiamento o l'altro.

Buber specifica come non sia l'apparire in sé ad essere un pericolo per l'uomo e per l'umanità, riconoscendo la sana imitazione come caratteristica fondante del comportamento umano. Piuttosto è da considerarsi pericolo l'apparire se accompagnato dalla menzogna, in quanto è qui che l'uomo viene minacciato nella sua esistenza.

L'origine dell'apparire umano è per Buber, da ricercarsi nella dipendenza reciproca che si instaura tra gli uomini: la paura di ottenere un giudizio negativo sul proprio essere spinge l'uomo a mentire e presentare all'altro il proprio apparire. E' questo un atteggiamento assai diffuso fra gli uomini, ma proprio questo è l'atteggiamento che impedisce l'instaurarsi di un autentico rapporto *Io-Tu* tra le persone.

Il dialogo autentico

L'uomo di fronte ad un altro uomo può intraprendere due distinti processi: l'apertura o l'imposizione. Ciò dipende dalla sua volontà di considerare o meno l'altro come persona unica.

Optando per un approccio d'apertura l'uomo decide di accettare e di riconoscere l'altro nella sua essenza e nella sua unicità. L'uomo, se non si "apre" all'altro, decide di imporre la propria persona, le proprie opinioni e il proprio atteggiamento, sulle opinioni e gli atteggiamenti altrui.

Questo, per Buber, è un atteggiamento tipico degli uomini che vivono nel mondo della propaganda. In questo caso l'obiettivo principale è quello dell'indottrinamento e dell'imposizione delle proprie idee sugli altri.

Anche questo è un modello relazionale, ma non è l'unico che l'uomo può adottare. Può decidere, infatti, di non imporsi, ma di aprirsi all'altro optando così per l'incontro.

Attraverso l'apertura si guarda all'altro come ad un individuo destinato a diventare persona unica, singolare, rendendolo così presenza. (Il concetto di presente per Buber non è da intendersi come tentativo di fermare il tempo nel *hic et nunc*, ma come presenza, incontro. Il passato, invece, appartiene al mondo dell'*Esso*, dove l'uomo vive in un tempo andato, in un mondo privo di presenza. L'oggetto è pausa, interruzione, fermata del fluire della relazione e nel mondo dell'*Esso* l'altro è oggetto.).

"[..] è la funzione di apertura tra gli uomini, l'aiuto a divenire Io dell'uomo, il sostegno reciproco nell'autorealizzazione dell'umanità in conformità alla creazione, a condurre l'interumano al suo culmine"[19].

Quando il processo d'apertura è il percorso che l'uomo decide di intraprendere per parlare ad un altro uomo, si realizza quella che Buber definisce una conversazione autentica.

L'uomo che opta per instaurare un dialogo autentico decide di confermare e accettare l'altro per la persona che è, senza desiderio di imposizione, possesso o analisi. Ciò non include la presenza di approvazione delle sue idee o del suo comportamento, ma è un'azione fondamentale di riconoscimento: anche se l'altro la pensa diversamente da me, sono pronto ad accettare la sua diversità di fronte alla mia perché accetto la sua esistenza.

Colui che intende instaurare un dialogo autentico si pone per quello che è, senza apparire, si mostra nella sua realtà ed autenticità confermando l'altro.

---

19 MARTIN BUBER (a cura di) ANDREA POMA, *Il principio dialogico e altri saggi*, op.cit. p. 310

Buber specifica come qualsiasi irruzione dell'apparenza possa danneggiare la conversazione rendendola falsa. Per essere vera, l'uomo deve dire quello che ha da dire. Ciò che è legittimo e vuole essere detto è già all'interno della persona che non può evitare di dirlo, se lo fa aziona il meccanismo della menzogna.

Il silenzio non è qui da intendere come assenza di dialogo, anzi può esserci più dialogo in assenza di parola, la quale non risulta quindi indispensabile. La dialogicità non è una manifestazione di pensiero attraverso il gesto o la parola, ma è un atteggiamento che può necessitare della parola come manifestazione. La dialogicità esiste anche in assenza di discorso e comunicazione.

Ciò che è fondamentale che esista è la reciprocità, propria dell'atteggiamento di un uomo pronto ad una conversazione autentica. Due uomini che dialogano devono essere rivolti uno verso l'altro, non fisicamente, ma con lo spirito. Se i loro spiriti si guardano, la parola è superflua e il messaggio trova spazio per partire e arrivare a destinazione.

Il rivolgersi all'altro (considerato da Buber come il movimento fondamentale) può produrre tipologie differenti di sguardo: l'uomo può decidere di osservare l'altro, di contemplarlo o di intuirlo. Per Buber osservare significa praticare un'attività di raccolta, attraverso lo sguardo, del maggior numero di particolari e caratteristiche proprie dell'oggetto di nostro interesse. Con questa azione il volto si riduce ad un insieme di tratti fisionomici e i gesti espressivi risultano asettici movimenti. In questa modalità il guardare ha per scopo la conoscenza scientifica, la catalogazione, la ricerca, ma non l'incontro di un'altra esistenza. Se l'uomo non osserva e non intuisce, secondo Buber, sta contemplando.

Sia la contemplazione che l'osservazione includono la percezione di separatezza, di distacco e di differenza tra i due soggetti coinvolti. L'osservatore e il contemplatore considerano l'altro come un individuo separato dalla loro persona ed è per questo che è per loro possibile percepirlo.

La differenza tra questi due uomini che osservano consiste nel fatto che l'osservatore è teso a imprimere in sé ciò che osserva, non può perdere nessun dettaglio, mentre il contemplatore, non ha tensione, ma è rilassato di fronte al soggetto da guardare ed è pronto ad accogliere ciò che egli intenderà dargli. Chi contempla non ha il timore di dimenticare un particolare, è un pericolo che consapevolmente accetta.

Esiste, come prima abbiamo accennato, una terza via di percezione dell'altro. Un uomo può decidere, infatti, di intuire e ciò avviene quando accetta di rispondere alla parola che il soggetto di fronte a lui gli rivolge. Colui che intuisce comprende che questa essenza intende comunicargli qualcosa, non sa che cosa, ma intuisce che tra di loro c'è un legame che coinvolge entrambi. La parola che vuole essere pronunciata andrà ad influire anche sulla vita del soggetto che intuisce.

L'intuizione non permette di descrivere l'altro, non lo può dipingere ne raccontare, perché andrebbe perduto il *detto* che unisce i soggetti.

Chi viene intuito non è un oggetto, ma qualcuno con cui è accaduto di avere a che fare.

L'intuizione è dialogicità.

Per riassumere possiamo affermare che nasce un dialogo autentico quando, incontrando un altro soggetto, l'uomo intuisce la sua persona, nella sua unicità ed unità, l'accetta, la conferma e condivide l'intenzione di vivere nella reciprocità.

Le vesti del dialogo sono molteplici: Buber illustra nei suoi testi come l'uomo possa affrontare il dialogo in modo autentico e sincero oppure, come spesso accade, mettere in campo un monologo travestito da dialogo. Ciò accade quando il soggetto sta parlando *con* qualcuno, in realtà solo apparentemente, in quanto le sue parole sono rivolte solo a se stesso.

Il soggetto è di fronte all'altro solo fisicamente, ma il suo spirito gli gira le spalle.

"si tratta semplicemente di un intrattenersi amichevole, in cui ciascuno considera se stesso assoluto e legittimo e l'altro relativo e discutibile"[20].

Nella vita di tutti i giorni, nella routine esiste il dialogo che Buber appella con il nome di dialogo tecnico, ovvero quella comunicazione che nasce dal bisogno di un intesa oggettiva (tra commerciante e cliente, tra colleghi, tra passeggeri ed autisti...) che può talvolta trasformarsi in dialogo autentico.

Buber disegna il manifestarsi del dialogo come un movimento, una direzione. L'uomo ha di fronte a sé la direzione costitutiva, naturale che coinvolge tutte le sue potenzialità[21].

Il movimento, chiamato fondamentale, è per Buber un'azione interiore che coinvolge l'intera persona. Il movimento dialogico fondamentale è il *rivolgersi*.

Se nasce un dialogo autentico, l'individuo è diventato persona e ha deciso di rivolgersi verso l'altro, nella propria realtà verso un'altra essenza reale e unica.

---

20 ibidem, p.206

21 MILAN GIUSEPPE, *Educare all'incontro, la pedagogia di Martin Buber*, op.cit., p. 42

Il movimento fondamentale del monologo è il ripiegamento, ovvero il decidere di non accettare adeguatamente l'essere di un'altra persona.

Significa far esistere l'altro solo come una propria esperienza, come una proiezione. E' compiendo questo movimento fondamentale che si mette in scena un dialogo apparente: l'essenza dell'altra persona inizia a disgregarsi lasciando spazio alle particolarità.

Ancora una volta torna a farsi strada il concetto di responsabilità e libertà dell'uomo: l'uomo liberamente sceglie, e si assume la responsabilità, di vivere monologicamente, decidendo di guardare al mondo come un insieme di oggetti che porterà in sé come esperienza. Oppure decide di non sottrarsi al dialogo, ma di donarsi ad esso e vivere un'esistenza dialogica, costituita di incontri reali e autentici.

L'uomo che diviene responsabile di aver compiuto una scelta nella direzione della dialogicità, è un uomo che tiene testa alla realtà e, dalle esperienze vissute, riesce a giungere a un'indivisa unità del suo *Io*.

Buber relaziona con l'educazione

A partire da fine anni '20 Buber inizia ad
associare parole come relazione, unitarietà e
dialogo al tema dell'educazione da lui intesa
come formazione dell'uomo. Il suo interesse è
quello di riflettere sulla trasformazione che deve
investire e salvare l'uomo occidentale in un così
delicato e preoccupante momento storico.
L'uomo necessita di nuove competenze
personali per superare gli ostacoli che la società
gli pone, l'educazione è per Buber il grande
problema dell'epoca[22].
Buber non è un pedagogista nel senso
tradizionale del termine: non ha interesse a
produrre un sistema scientifico-pedagogico alla
società, fatto dimostrato dal suo rifiuto
all'offerta di una cattedra pedagogica al suo
arrivo a Gerusalemme. Il suo intento è quello di
fondere, far confluire la sua filosofia dialogica al
tema della formazione, della Bildung. In realtà il
suo contributo pedagogico sarà importante, fino
a diventare un punto di riferimento significativo
per molte teorie pedagogiche del nostro tempo.[23]

---

22 ibidem, p.p. 23

23 MARTIN BUBER, ANDREA POMA(a cura di),*Il principio
Dialogico e altri saggi*,op.cit.,p. 32

Per Buber l'educazione non è un sistema scientifico, ma una nuova visione antropologica capace di trasformare in meglio l'esistenza degli esseri umani[24].

Lo scopo del filosofo tedesco non è quello di lasciare in eredità un metodo educativo fisso, ripetibile, scientificamente provato e approvato. Egli desidera invitare coloro che si occupano di educazione a curare ed educare il proprio modo di approcciarsi ai loro educandi. Buber sollecita colui che educa a fondare il proprio compito su una dimensione spirituale di riconoscimento dell'altro[25] oltre che di se stesso: l'uomo trascorre ogni giorno a lavorare per educare se stesso ad essere tale, a realizzare al meglio il proprio itinerario educativo. L'uomo deve conoscersi per conoscere ed amarsi per amare.

Il pensiero educativo che Buber sviluppa non è rivolto solo al singolo, ma alla comunità: l'educazione è fatta di relazioni interpersonali e dentro alle relazioni trova espressione.

Buber si dedicò all'educazione dei bambini, agli adolescenti e agli adulti. Per ogni fascia di età è interessante leggere le tre conferenze da lui

---

24 GIUSEPPE MILAN,*Educare all'incontro, la pedagogia di Martin Buber*, op.cit., p. 27

25 MARTIN BUBER, (a cura di) ANNA ALUFFI PENTINI, *Discorsi sull'educazione*, Roma, Armando Editore, 2009, p. 11

tenute e dalle quali sono nati taltrettanti importanti testi sull'educazione tradotti in italiano anche da Anna Aluffi Pentini in *Discorsi sull'educazione*.

Sull'educativo del 1926 principalmente rivolto all'età dell'infanzia, dedicato, invece, alla formazione degli adulti è *Bildung e weltanshauung* del 1936 dove Buber pone in luce la correlazione, spesso taciuta tra educazione e visione del mondo, ovvero come l'appartenenza valoriale e culturale giochino un ruolo fondamentale nel percorso di apprendimento. La terza conferenza presa in esame è *Sull'educazione del carattere* del 1939 in cui il filosofo dedica la sua attenzione alla delicata fase dell'adolescenza[26].

A testimonianza del suo lavoro rivolto alla formazione degli adulti è da ricordare il suo impegno a riguardo nella gestione dell'Ufficio Ebraico per l'Educazione degli Adulti di Francoforte nel periodo tra le due guerre, dove di certo sviluppa il suo pensiero circa il valore delle proprie radici culturali e valoriali in rapporto al percorso di apprendimento e da non dimenticare è anche la direzione della scuola superiore per gli insegnanti del popolo a Gerusalemme a partire dal 1949.

---

26   ibidem, p. 10

Anche in campo educativo, come in campo filosofico, Buber si allontana dall'individualismo e dal collettivismo: l'uomo non può essere ridotto ad individualità o a parte di un tutto e non è in questo modo che può essere educato. Deve essere un individuo inteso nell'interezza della sua persona che sta con altri individui. L'uomo diventa tale all'interno della relazione ed è nell'incontro che l'uomo si educa.

Come sottolinea Giuseppe Milan all'interno del suo testo dedicato all'educativo in Buber, ciò che rende l'uomo un uomo è l'apertura radicale all'altro.[27]

Ed è proprio questa la modalità educativa adottabile: l'educatore deve assumere un atteggiamento di apertura verso l'educando per consentirgli di aprirsi agli altri.

Come abbiamo esposto nei paragrafi precedenti le sfere della relazione entro le quali si trova a vivere l'uomo sono tre: il mondo, gli altri uomini, e le entità spirituali. In campo educativo torna a presentarsi il numero tre che qui rappresenta i soggetti della dinamica educativa; educando-educatore-mondo.

L'uomo all'interno del mondo dell'educazione è chiamato a mantenersi fedele alla sua natura dialogica ed è questa fedeltà che deve

---

[27]GIUSEPPE MILAN, *Educare all'incontro. La pedagogia di Martin buber*, op.cit. p. 41

trasmettere. L'uomo unitario possiede una triplice apertura di natura dialogica: verso il mondo, verso gli uomini e verso Dio. L'educatore che si rivolge autenticamente *individua* l'educando facendolo emergere dall'anonimato, separandolo dalla molteplicità indifferente[28].

Il massimo dello sviluppo personale non è da ricercarsi nell'autoaffermazione di stampo psicoanalitico, ma deve corrispondere al massimo di relazione interpersonale[29]. Il dialogo e la relazione interpersonale non sono da intendersi come mezzi che l'uomo possiede, ma sono parti dell'uomo stesso. Buber intende l'uomo come una polifonia, ovvero un insieme di voci interne all'uomo stesso, il quale dialogo crea la persona e voci esterne che permettono la nascita del dialogo con l'altro[30].

Questa visione dell'uomo deve essere chiara a colui che tratta di educazione e che si trova nella posizione privilegiata per favorire lo sviluppo di quello che Buber chiama il *grande carattere,* ovvero "quello che per mezzo delle sue azioni e

---

28 ibidem,p.51

29 ibidem,p.54

30 MARISA MUSAIO, *Pedagogia del bello, suggestioni e percorsi educativi*, Milano, Franco Angeli, 2007, p.99

dei suoi atteggiamenti soddisfa l'appello delle situazioni, pronto a rispondere con la sua intera vita e in modo tale che la somma delle sue azioni e dei suoi atteggiamenti esprima allo stesso tempo l'unità del suo essere nella piena volontà di accettare la responsabilità".[31]

---

31 BUBER MARTIN, *The education of character, between man and man*, Mac Millan Paperbacks, New York 1965, p. 112

Carl Rogers (1902- 1987)

La relazione

Il setting iniziale nel quale ci caliamo affrontando il concetto di relazione seguendo il pensiero di Carl Rogers, è quello della psicoterapia, il suo ambiente di lavoro. Il metodo rogersiano è strutturato su una base romantico-idealista agli antipodi rispetto a quella pessimistica freudiana, dove l'uomo è in mano alla tirannia delle sue pulsioni più profonde e in alternativa a quella utilitaristica skinneriana[32]. Secondo Rogers è necessario incaricare la psicologia di un nuovo ruolo: riappropriarsi della concezione "ottimistica" dell'uomo[33].

Carl Rogers decise, in fase iniziale in modo quasi inconsapevole, di dare nuovo aspetto all'azione terapeutica, modificandone regole e ruoli dei soggetti coinvolti: il cliente e lo psicoterapeuta. Il suo intento era quello di far evadere il cliente da una posizione di passività, dando a lui il controllo della propria situazione psico-fisica e riducendo, invece, l'attività dello

---

32 JEROLD D. BOZARTH, *La terapia centrata sulla persona. Un paradigma rivoluzionario*, op.cit., p. 7

33 FRANCO NANETTI, *Couseling ad orientamento umanistico-esistenziale.Pluralismo teorico operativo nella formazione integrata alla comunicazione efficace in ambito clinico,educativo, familiare e professionale*, Bologna, Pendragon, 2009,p.135

psicoterapeuta lontano da un'azione direttiva nei confronti del paziente.

Per fare ciò non intraprese due percorsi separati, ma si concentrò su ciò che lega ed unisce i due soggetti: la relazione interpersonale che sempre e naturalmente si instaura.

Fu così che Carl Rogers cominciò ad analizzare a fondo le tipologie di relazione che nascevano nel corso delle sue sedute terapeutiche, cercando di comprendere le dinamiche che scaturivano tra sé e i pazienti. Focalizzò l'attenzione sulle caratteristiche personali del cliente e dello psicoterapeuta, sui loro bisogni, sulle modalità comunicative che da entrambi venivano messe in campo. Cercò di sperimentare un nuovo sé, più accogliente verso l'altro, meno "presente", pronto allo sguardo e all'ascolto sincero, registrando i cambiamenti e le reazioni che nascevano nel cliente e in lui.

Carl Rogers decise cioè di far propria una nuova modalità relazionale: udire e guardare realmente l'altro mostrandosi a lui nella propria autenticità e congruenza sostenendolo nel proprio percorso di crescita e di sviluppo ovvero fornendo a lui un contesto di comprensione empatica.[34]

La comprensione empatica, secondo Rogers, unita all'accettazione incondizionata che il

---

34   JEROLD D. BOZARTH, *La terapia centrata sulla persona. Un paradigma rivoluzionario*, op.cit, p.77

terapeuta fa esperire al cliente, è ciò che permette a quest'ultimo di conoscere meglio sé stesso e di intraprendere autonomamente un percorso di guarigione.

Da allora lentamente iniziò a prendere forma il suo percorso teorico in merito alle relazioni interpersonali in campo psicoterapeutico, alle caratteristiche dello psicoterapeuta e all'approccio che questi deve adottare con il cliente per ottenere risultati pienamente soddisfacenti.

Per il nostro psicologo cambia la prospettiva: al centro dell'analisi ci sono il cliente, la sua persona, il suo passato e il percorso da intraprendere. Lo psicoterapeuta non gioca più un ruolo "medico", di portatore di risposte ed esperto per il trattamento e il cambiamento comportamentale del cliente[35], ma assume una nuova posizione. E' colui che accoglie il cliente, che lo ascolta in modo autentico, che lo aiuta ad orientarsi quando decide di intraprendere il suo percorso e lo sostiene su quello che Rogers chiama lo sviluppo personale.

Nessun procedimento terapeutico deve andare a minare, in nessun modo, la fiducia che viene ad instaurarsi tra il cliente e lo psicoterapeuta perché ciò può causare il crollo del rapporto di

---

35 Ibidem,p.21

fiducia instauratosi e rendere vano il processo di recupero intrapreso dal soggetto.[36]

Il 1951 è l'anno che vede la realizzazione del lavoro di analisi e sperimentazione, è l'anno della pubblicazione del saggio *Terapia centrata sul cliente*.

Nella sua analisi sulla dimensione relazionale egli si sofferma, oltre che sul concetto di relazione, su un attento studio del concetto generale di persona.

Leggendo le parole di Rogers è facile notare l'assonanza di pensiero con il concetto di persona di Martin Buber. La persona è unica, un insieme di mente e corpo. Con questa idea le persone devono relazionarsi. Rogers parla della capacità di "sapersi udire" e "guardare" in modo autentico, di presentarsi all'altro nella propria realtà accogliendo il proprio interlocutore per la persona che egli realmente è, senza giudizio, senza timore, senza aspettative. Lo psicoterapeuta concede al soggetto che si trova di fronte di vivere un momento che definisce *efficace*, ovvero pienamente vissuto, in cui il terapeuta lascia il camice da dottore o scienziato

---

36 BRIAN THORNE, *Carl Rogers, key figures in counselling and psychotherapy*, Sage, 2003, p.24

e si pone verso l'altro con tutta la propria soggettività.[37]

E' il modo di accostarsi all'altro che offre nuova vita alle relazioni e alla considerazione che si ha di sé stessi. E' così che Rogers si concentra sullo studio dell'approccio centrato sulla persona, partendo da un'attenta analisi della persona in generale, focalizzando la sua attenzione sui processi psichici del soggetto rispetto alle sue potenzialità, ai suoi limiti, ai suoi obiettivi.

Il lavoro di ricerca, che Rogers compie attorno alla definizione di persona pienamente realizzata, nasce in una prima fase all'interno dell'ambito della psicoterapia, per poi proseguire, in una seconda fase, attraverso l'insegnamento e il lavoro svolto con i gruppi.

Durante la prima fase di lavoro Rogers comprese che il soggetto che si rivolgeva a lui aveva smarrito la strada dello sviluppo e della realizzazione della sua persona.

L'assunto di base del pensiero di Rogers è che il pensiero, il sentimento e il comportamento umano sono motivati e diretti da una forza

37 H.KIRSCHENBAUM E V.L.HENDERSON (a cura di),*Dialoghi di Carl Rogers*, Edizioni la meridiana, Molfetta (BA), 2008, p.24

costruttiva, la tendenza all'attualizzazione, che è insita nell'organismo[38].

La forza attualizzante si può definire come un'energia vitale che spinge il soggetto all'accrescimento personale, alla realizzazione e alla felicità. Può succedere che l'uomo, a causa di esperienze negative, perda la fiducia in questa forza interiore e non sappia più ascoltarsi e riconoscersi e non si senta più sereno nel proseguire il suo percorso di vita percependo come poco chiari i propri obiettivi.

Per chi non riesce ad uscirne autonomamente subentra il ruolo del terapeuta. Egli deve sostenere e guidare il soggetto nel recupero di fiducia nei confronti di se stesso, nelle proprie potenzialità, ritrovando i desideri custoditi nel profondo della propria anima che attendono solo di riaffiorare.

Ma, e qui sta l'atto innovatore compiuto da Rogers, è il cliente a dover lavora attivamente cercando la sua forza attualizzante smarrita, individuando i suoi punti di forza, affrontando le paure, riscoprendo i desideri, bisogni e obiettivi per poterli così perseguire. Lo psicoterapeuta, per innescare il lavoro che il cliente compie su di sé, si preoccupa di fornire un contatto

38 JEROLD D.BOZARTH, *La terapia centrata sulla persona.Un paradigma rivoluzionario*, op.cit., p.77

"spirituale" di reciprocità esperienziale che aiuti il cambiamento.[39]

Durante il periodo successivo del suo lavoro di studio e ricerca, Rogers, si accorse di quanto la sua teoria, sviluppatasi intorno alla nuova concezione di persona, potesse essere applicata ad ogni essere umano in qualsiasi contesto relazionale. In *Potere Personale* del 1977, Rogers presenta i risultati di ricerche compiute all'interno di svariati ambiti di vita quotidiana. In esso illustra come sia possibile condurre uno stile di vita in cui la persona sia al centro delle dinamiche familiari, del mondo della scuola, del lavoro, delle istituzioni o in qualunque altra situazione nella quale lo scopo principale sia un costruttivo sviluppo della personalità individuale.[40]

La capacità di scelta è una caratteristica fondante tanto dell'uomo Buberiano quanto di quello Rogersiano (ed anche del bambino montessoriano, come avremo modo di vedere più avanti).

La libera scelta, dunque, permette di governare la propria vita assumendo tutte le responsabilità

---

39 ibidem, p.48

40 CARL ROGERS, *Libertà d'apprendimento*, Firenze, Giunti Barbera, 1981, p. 323

del proprio agire, verso l'accrescimento personale.

La "forza attualizzante"

Durante l'evoluzione delle sue teorie circa la relazione tra paziente e psicoterapeuta, Rogers riconosce all'interno dell'essere umano un'energia vitale che non è caratteristica propria solo della nostra specie, ma è una forza, una spinta alla vita propria di ogni organismo.

" [...]mentre guardavo in lontananza le onde che si infrangevano su quelle grandi rocce, vidi con sorpresa che sulle stesse sembravano esserci delle minuscole palme [....]che ricevevano i colpi dei frangenti[...]si trattava di una specie di alghe, con un tronco sottile [...]sembrava inevitabile che quella pianta sarebbe stata completamente schiantata e distrutta dall'onda successiva [...]eppure quando l'onda era passata la pianta era ancora lì, dritta, tenace, resistente [...]in questa piccola alga c'era la tenacia e il progredire della vita, la capacità di farsi strada in un ambiente incredibilmente ostile e non solo di sopravvivere ma di adattarsi, svilupparsi e diventare sé stessa"[41]

41 CARL ROGERS, *Potere personale. La forza interiore e il suo effetto rivoluzionario*, Roma, Casa Editrice Astrolabio-Ubaldini Editore, 1978, p.209

L'energia che permette ad ogni organismo di sopravvivere, crescere ed adattarsi è chiamata da Rogers, "forza attualizzante" ed è da intendersi come una spinta allo sviluppo che porta alla differenziazione, all'integrazione, all'espansione e all'arricchimento di tutto ciò che è presente potenzialmente nell'organismo. E' la forza che permette all'individuo umano di sviluppare il suo naturale potenziale di autorealizzazione, diventando sempre più pienamente funzionante.[42]

Di qualunque tipologia siano gli stimoli che l'organismo riceve, associati o non ad un determinato ambiente favorevole, l'organismo è sempre e comunque orientato ad assumere comportamenti che gli permettono di conservarsi, accrescersi e riprodursi.[43]

Esso tende costantemente verso questa direzione con un'intenzione attiva. Per questo motivo Rogers parla di tendenza all'attualizzazione, rendendo evidente l'incessante movimento dell'organismo.

L'intenzione attiva di cui troviamo testimonianza in importanti studi di tipo biologico, permette

---

42 ANTONIO LO IACONO, ROSSELLA SONNINO, *Respirando le emozioni, psicofisiologia del benessere*, Roma, Armando Editore, 2008, p.60

43 Ibidem, p.210

all'organismo l'autoregolazione e l'indipendenza da forze esterne.

Bisogna aggiungere che ciò si manifesta in modo più efficace quando l'ambiente è favorevole e, gli ostacoli, siano essi fisici o psicologici, non invadono lo spazio vitale dell'organismo impedendone l'esistenza.

L'approccio biologico di Rogers con la scoperta della forza interiore degli organismi è stato solo l'avvio per proporre un nuovo modo di guardare all'uomo e alla sua relazione.

L'uomo possiede non solo un'energia biologica, ma anche un'energia interiore che, in caso di sofferenza psichica può essere silente. In questo caso, lo psicoterapeuta rogersiano interviene per accompagnare il risveglio della forza interna del soggetto, la quale, ridestata, può ricondurre il soggetto sulla strada dell'autorealizzazione o, per meglio dire, dello sviluppo personale.

Durante il suo lavoro clinico, Rogers si è accorto che fornendo condizioni ambientali (psichicamente) favorevoli alla crescita della tendenza attualizzante otteneva effetti costruttivi. L'intervento direttivo del terapeuta, invece, genera effetti negativi sul soggetto che viene così inibito a perseguire la propria direzione di sviluppo.

Il soggetto possiede dentro di sé, in altre parole, le risorse per uscire dal disagio: ciò di cui necessita è un posto accogliente, facilitante psicologicamente, dove si senta riconosciuto, ascoltato e dove possa trovare ciò che Rogers chiama "liquido amniotico psicologico".[44]

Il compito di ogni individuo è l'individuazione dei propri bisogni basilari, per poi giungere a bisogni legati al benessere emotivo. Riconoscere queste necessità ed agire per la loro realizzazione, spinge al miglioramento del proprio stato e al progresso del proprio percorso di sviluppo.

Ciò che Rogers ha interesse ad affermare è che, durante la sua esperienza di psicoterapia ha appreso che l'individuo è un organismo sempre motivato, sempre teso a qualcosa ed in costante ricerca.

La motivazione che soggiace all'allontanamento del soggetto dalla direzione attualizzante è da ricercare nella distanza tra il comportamento messo in atto, ovvero le esperienze consce simbolizzate, e il bisogno o il sentimento presente a livello preconscio, ovvero le esperienze preconsce non simbolizzate[45]. Più l'individuo si allontana da quelli che sono i suoi

44 CARL ROGERS,*Potere Personale. La forza interiore e il suo effetto rivoluzionario*, op.cit, p. 212

45 FRANCO BURLA,SOFIA CAPOZZI,ELVIRA LOZUPONE, *Elementi di psicologia,pedagogia,sociologia per le professioni sanitarie*, Milano, Franco Angeli, 2007, p.99

reali bisogni e sentimenti, maggiore sarà lo stato di sofferenza da lui vissuto.

"La causa del malessere e dell'infelicità è la causa che rompe il processo di composizione armonica dell'individuo, naturalisticamente fondato. La divisione è in definitiva il vero sintomo, la frattura che rompe l'unità: l'incongruenza, come si esprime Rogers"[46].

Quando un soggetto avverte l'incongruenza data da una (psicanalitica) rimozione dei propri sentimenti, si trova a sperimentare l'inconsapevolezza del proprio funzionamento organico. Se non percepisco i miei bisogni non potrò agire per la loro realizzazione e, di conseguenza, per il mio sviluppo.

L'individuo incongruente ha smarrito la direzione attualizzante di sé e imponenti barriere impediscono l'esperienza piena di ciò che già è presente nell'organismo.

In *Libertà nell'apprendimento*[47] Rogers espone chiaramente il concetto di congruenza, descrivendolo come l'armonia tra i tre livelli entro cui l'uomo è continuamente inserito:

---

46 C O S E N Z A ,   C I V I T A   C O L O M B O , ZENDRI,PEIRONE,VILLA,COZZI,RIGLIANO, *La cura della malattia mentale volume1 Storia ed epistemiologia*, Milano, Bruno Mondadori,1999, p. 208

47 CARL ROGERS, *Libertà nell'apprendimento*, op.cit., p.261

l'esperienza, la consapevolezza, la comunicazione. Quando ciò che l'individuo sperimenta è presente anche a livello della consapevolezza e la consapevolezza trova spazio nell'atto comunicativo allora l'individuo può ritenersi congruente.

per superare tale condizione il soggetto incongruente dovrà riporre nuova fiducia nel proprio inconscio e nella propria esperienza, dando il ruolo di guida al proprio "sentire".

Ciò che impedisce di dare ascolto alla propria esperienza è il modello valoriale di riferimento che il soggetto fa proprio seppur imposto dall'esterno.

Assecondare la tendenza attualizzante è per Rogers la via accettare il proprio essere, decidendo di adottare come sistema di valori il proprio sistema. Mutevole, a seconda delle esperienze e delle relazioni vissute e in divenire, poiché asseconda la persona nel suo percorso esperienziale. La "lotta interiore" tra il proprio sistema e quello esterno-dominante è individuata da Rogers come causa principale della cosiddetta dissociazione dell'individuo.

La persona unica

L'individuo guidato dalla propria forza attualizzante è un uomo reale, congruente.

Rogers utilizza il termine congruenza per indicare la necessità del relazionante di essere consapevole delle proprie esperienze ed emozioni, senza volerle negare, distorcere o attribuire ad altri, ma comunicandole con autenticità al momento opportuno[48].

L'uomo congruente possiede corrispondenza tra le esperienze vissute e i bisogni percepiti, non necessita di maschere o menzogne. Fa ciò che sente di dover fare, è adattabile e si trova in una relazione propositiva con l'ambiente.[49] L'uomo congruente sa compiere "un preciso ed accurato resoconto delle proprie tendenze, non regolato dal gusto di autoingannarsi [...] né da un cieco

---

48 P A O L A   M A R M O C C H I ,   C L A U D I A DALL'AGLIO,MICHELA ZANNINI, *Educare le life skills: come promuovere le abilità psicosociali e affettive secondo l'organizzazione mondiale della sanità,* Edizioni Erikson, 2004, p. 11

49 FRANCO BURLA, SOFIA CAPOZZI, ELVIRA LOZUPONE, *Elementi di psicologia, pedagogia, sociologia per le professioni sanitarie,* op.cit, p.99

pessimismo che rifiuta di riconoscere le stesse capacità"[50].

Rogers paragona l'uomo maturo e congruente al bambino, in quanto entrambi ripongono fiducia nella saggezza dell'organismo[51]. Entrambi adottano un comportamento integrato, autoregolante, diretto alla conservazione e alla realizzazione. La differenza cruciale sta nella consapevolezza, presente nell'adulto e assente nel bambino. Nella sua inconsapevolezza è contenuta la naturalità del bambino.

Questa guida naturale interiore durante la crescita non deve spegnersi e lasciare il posto a modelli di comportamento introiettati, ma deve continuare ad essere faro per l'agire dell'uomo.

"[...] il bambino costruisce l'uomo, dobbiamo considerarlo come il produttore dell'umanità e riconoscerlo come il nostro Padre. In lui sta il grande segreto della nostra origine, in lui solo si possono manifestare le leggi che conducono

---

50 SARA NOSARI, *La prova del carattere,* Perugia, Editrice La Scuola, 2010, p.15

51 CARL ROGERS, *Potere personale, la forza interiore e il suo potere rivoluzionario,* op.cit.,p.218

l'uomo alla normalità. In questo senso il bambino è il nostro Maestro"[52.]

Il rischio per l'uomo che non asseconda la propria *forza attualizzante* è l'estraniazione dalla propria esperienza organica. Ciò si può manifestare attraverso l'infelicità, arrivando in casi estremi, a vere e proprie patologie quali la psicosi e la nevrosi.[53]

Questa scissione è, secondo Rogers, molto frequente a causa dell'esternalizzazione che l'individuo vive con l'arrivo dell'età adolescenziale. Il ragazzo é spinto a far proprio un modello comportamentale e valoriale imposto dall'esterno che non sempre corrisponde al modello già naturalmente presente in lui, ma che accetta come proprio per il forte bisogno di considerazione positiva da parte degli altri. In questo frangente iniziano ad abitare l'individuo due sistemi comportamentali distinti che possono diventare incompatibili se l'individuo decide, inconsciamente, di negare completamente il proprio organismo compiendo

---

52 MARIA MONTESSORI, *Educazione e pace*, Roma, Edizioni opera Nazionale Montessori, 2004,p.47

53 CARL ROGERS, Potere personale, op.cit, ,p.215

gesti reali dei quali non riesce a darsi e dare una spiegazione[54].

Questa scissione è causa della trasformazione del concetto di sé in una sorta di falso sé.[55]

L'affetto dei genitori prima, e la stima degli altri più tardi, impediscono al soggetto di ascoltare la propria persona per la paura di perderne riconoscimento positivo. Il desiderio di mantenere inalterato l'amore altrui e la considerazione positiva verso di sé risultano più forti dell'amore per il proprio sviluppo e la propria crescita. Così il soggetto incongruente è angosciato e si sente minacciato dal concetto che gli altri hanno di lui.

I valori propri non cessano di esistere, altrimenti non ci sarebbe sofferenza, ma permangono ed entrano in conflitto con le richieste esterne. Tale conflitto trova sfogo attraverso la sofferenza del soggetto che possiamo definire dissociato.

"la persona dissociata [...] si comporta a livello cosciente sulla base di modelli introiettati statici

---

54 Ibidem, p.218

55 FRANCO BURLA,SOFIA CAPOZZI, ELVIRA LOZUPONE, op.cit., p.99

e rigidi e al livello inconscio sulla base della tendenza attualizzante."[56]

Perchè il falso Sè non entri in crisi, l'individuo tenderà ad alterare la rappresentazione della realtà, andando così a costituire una nuova frattura tra sé e gli altri, frattura che si associa a quella interna tra sé e il proprio organismo.

La *persona unica* di Carl Rogers supera lo stato di dissociazione, riesce a ritrovare equilibrio e sincronia tra le proprie esperienze e la *propria forza attualizzante*. L'individuo deve occuparsi del progetto di sé, ovvero della predisposizione di ciascun soggetto a farsi persona unica e irripetibile[57].

La personalità è così intesa come un tutto, non come la semplice somma delle parti che la compongono. E' quindi necessario comprenderne la funzionalità globale per carpirne i singoli aspetti.[58]

La persona unica riesce ad essere egli stesso interprete e traduttore dei propri sentimenti senza appoggiarsi ad un sistema esterno per

---

56 CARL ROGERS, Potere personale,op.cit, p. 218

57 LUCA GIROTTI, Progettarsi. L'orientamento come compito educativo permanente,Milano, Vita e Pensiero, 2006,p.77

58 FRANCO BURLA,SOFIA CAPOZZI,ELVIRA LOZUPONE,op.cit,p.99

elaborare i propri vissuti e il proprio sentire. Questo soggetto occuperà una posizione di apertura verso la propria esperienza. La persona unica è libera di vivere soggettivamente i propri sentimenti e di prenderne lucidamente coscienza.[59]

La *persona unica* aperta alla propria esperienza e libera da dinamiche difensive può porre fiducia:

- nell'esperienza stessa che ogni volta, in modo nuovo, le suggerisce le regole di comportamento da adottare
- nell'organismo, considerandolo in grado di valutare ogni stimolo ed ogni bisogno ed in grado di indicarle il comportamento più idoneo a soddisfare le esigenze di quel preciso momento.

A ciò va aggiunto che la *persona unica*, che Rogers chiama pienamente realizzata, è una persona estremamente creativa, quindi non facilmente prevedibile nelle sue manifestazioni comportamentali, libera di esplicare pienamente le potenzialità del proprio organismo, ben integrata nella società e in grado di trasformarsi e svilupparsi incessantemente.[60]

---

59 CARL ROGERS, Libertà nell'apprendimento, op.cit, p. 329

60 Ibidem, p.345

L'approccio centrato sulla persona

Per permettere alla *forza attualizzante* di fungere da guida e alla *persona unica* di manifestarsi e svilupparsi, occorre che il terapeuta riponga fiducia nelle capacità del paziente, che l'educatore conceda libertà all'allievo e che i genitori realmente ascoltino e guardino i loro figli. Questo porta ad una vita fondata sull'*approccio centrato sulla persona*.

Rogers sviluppò la teoria dell'*approccio centrato sulla persona* a partire dall'ambito clinico, a contatto con i suoi pazienti, ma comprese che si trattava di una modalità assolutamente valida anche all'interno di altri contesti di vita.

L'*approccio centrato sulla persona* si può considerare, oltre che come un'innovativa pratica terapeutica, come una vera e propria filosofia di vita, una visione differente del mondo[61]. Non si tratta cioè di un insieme di procedure scientifiche da mettere in campo per ottenere un risultato prevedibile; si tratta, invece, di lavorare sul proprio comportamento di terapeuta, di genitore o di educatore per porsi verso l'altro in

---

61 JEROLD D.BOZARTH, *La terapia centrata sulla persona*, op.cit. p.128

un modo nuovo, aperto all'ascolto e all'accoglienza.

Colui che abbraccia questo tipo di approccio non conosce la strada che verrà percorsa, non sa quali risultati otterrà e non possiede una "scaletta" di tappe da seguire. Permette, invece, al soggetto di indicare la direzione da seguire per guarire, apprendere e crescere.

La scelta dell'utilizzo del termine *approccio* da parte di Rogers, rappresenta proprio il suo intento di sottolineare l'aspetto umano della terapia nascondendo quello prettamente tecnico, accostando in questo modo al paziente il termine persona e non quello di oggetto.

E' testimonianza di ciò il testo di Bozarth intitolato proprio: "terapia centrata sulla persona".[62]

[...] la persona possiede la capacità di comprendersi e di risolvere i suoi problemi in modo sufficiente per un adeguato funzionamento. L'esercizio di questa capacità richiede, però, anche un contesto di relazioni

---

62 Ibidem

umane positive favorevoli e un clima di relativa accettazione e comprensione.[63]

Le parole di Franco Burla sottolineano l'importanza rivestita dal contesto relazionale entro cui il soggetto deve poter vivere. Rogers, all'interno del suo studio sperimentò un nuovo modo di concepire la terapia, che chiamò (come abbiamo detto precedentemente) terapia centrata sul cliente, in cui l'ascolto e l'accoglienza dell'altro ne sono la base, il centro, appunto.
Il terapeuta guarda al paziente come ad una persona completa, intera unica e non come se rappresentasse il problema di cui soffre, concentrandosi sulla salute anziché sulla malattia.[64]
Il terapeuta deve spogliarsi della sua direttività per adattare una nuova tipologia di trattamento che possiamo definire empatico.
Ciò che è fondamentale è creare un clima psicologico adeguato al paziente, che renda possibile lo sviluppo della capacità

63 FRANCO BURLA, SOFIA CAPOZZI, ELVIRA LOZUPONE, *Elementi di psicologia, pedagogia, sociologia per le professioni sanitarie*, op.cit. p.100

64 ILARIA SIMONELLI,FABRIZIO SIMONELLI, *Atlante concettuale della salutogenesi, Modelli e teorie di riferimento per generare salute*, Milano, Franco Angeli, 2010. p.30

dell'individuo di comprendere e dirigere la propria vita.[65]

Per questo il terapeuta deve lavorare su di sé e sul proprio grado di congruenza, ovvero sulla sincerità delle sue emozioni che possano renderlo reale ed autentico agli occhi del cliente.

Ma accanto alla congruenza deve trovare spazio l'accettazione incondizionata e positiva. La stima che il terapeuta prova sarà indipendente dalle emozioni e dal momento che il cliente sta vivendo, esso viene considerato, accettato ed amato per quello che realmente è.

Questi aspetti sono vani se il terapeuta non percepisce una comprensione empatica nei confronti del cliente, ovvero se non percepisce con precisione i sentimenti e significati personali sperimentati dal cliente.

In questo clima psicologico viene meno il controllo che da sempre il terapeuta ha esercitato del confronti del paziente. Il potere passa dalle mani del terapeuta alle mani del cliente che, grazie alla fiducia e all'accoglienza che trova, individua la propria forza interiore per potere uscire da uno stato di sofferenza.

E' la comprensione fra le parti a giocare un ruolo cruciale all'interno della relazione: una comprensione verbale e non verbale, ovvero

---

65 CARL ROGERS, *Potere personale*, op.cit, p. 16

fisiognomica. Questi aspetti devono unirsi al sentimento della tolleranza, del rispetto e dell'accettazione.

L'*approccio centrato sulla persona*, in qualsiasi campo della vita venga applicato, si fonda su una visione dell'uomo come organismo fondamentalmente degno di fiducia[66], quella stessa fiducia che il soggetto deve costruirsi nei confronti di sé stesso, lavoro che troverà più semplice se gli si offriranno atteggiamenti psicologici agevolanti.

Rogers considera l'infanzia, dai primi giorni di vita, come un'età cruciale della vita dell'uomo, in perfetto accordo, con Maria Montessori. E' in questo periodo che si deve iniziare ad infondere fiducia nel futuro uomo, il bambino. A lui va concessa un'educazione (familiare e scolastica) centrata sulla persona, per concedergli una crescita serena, non diretta dalla paura del giudizio degli altri, dai sensi di colpa, ma guidata dai propri sentimenti e dalla propria forza interiore. Solo lavorando con il giusto rispetto per il bambino si può contribuire, come educatori, alla formazione di un uomo pienamente realizzato, capace di ascoltare se stesso e vivere con gli altri.

---

66 ibidem, p.14

Il genitore ha il compito, per Rogers, di riconoscere, al bambino, il diritto di valutare a suo modo la propria esperienza e di fare scelte autonome rispettando, contemporaneamente, sé stesso e i suoi diritti.[67]

Attraverso la libera scelta, il bambino, sviluppa l'autodisciplina connessa alla responsabilità e alle limitazioni flessibili. In una famiglia centrata sulla persona, si crea un processo relazionale tra persone uniche continuamente in cambiamento dove viene meno il desiderio di potere e di controllo esercitato dai genitori.

La stessa smania di potere sul bambino e sul ragazzo deve passare dalle mani dell'insegnante al bambino stesso.

Rogers teorizzò il concetto di libertà di apprendimento criticando l'attività di istruzione presente nelle scuole.

Perché il maestro deve decidere le modalità e i contenuti che l'allievo deve imparare? Ciò a cui ambisce Rogers è la ricerca di una nuova modalità di educare, lontana dalla direttività e dall'imposizione e che sostenga la libertà d'apprendere e sia capace di suscitare la curiosità e favorire azioni di ricerca. La libertà d'apprendimento risulta essere, per lo psicologo americano, fondamentale in ogni circostanza, ma

---

67 ibidem,p 34

soprattutto nella nostra cultura e nel nostro tempo dove il cambiamento e la mutabilità sono all'ordine del giorno. Il bambino deve essere educato al cambiamento, ad accettarlo e a saperlo gestire.

Perché sia possibile un rinnovamento nella pratica educativa adottata nelle aule, è necessario un cambiamento nell'educatore stesso: il ruolo deve mutare, deve abbandonare il ruolo di fornitore di conoscenze, detentore del sapere e farsi facilitatore (o agevolatore) dell'apprendimento[68].

 Il facilitatore dell'apprendimento non si adatta entro l'ambito di nessuna formula educativa precostituita.[69] Le differenze tra un allievo ed un altro, le loro preferenze, attitudini, i loro interessi, devo doverosamente richiedere un cambiamento del lavoro del maestro che dovrà essere attento e sensibile alla persona che si trova davanti per sapersi empaticamente mettere in contatto con lui.

Per diventare un facilitatore l'educatore deve lavorare su di sé e sulle proprie qualità attitudinali che si manifestano nel rapporto interpersonale che si crea con l'allievo.

---

68 CARL ROGERS, Libertà nell'apprendimento, op.cit. p.131

69 ibidem,p.133

Il bambino deve poter trovare, come nel genitore, nel maestro una persona vera, genuina, che sappia riconoscere ed accettare le proprie emozioni. Deve riporre fiducia nei suoi allievi, stimarli ed amarli nelle loro differenze ed unicità. L'allievo deve sentirsi compreso empaticamente, senza sentire su di lui il peso del giudizio e dell'analisi.

Rogers nei suoi scritti sottolinea l'importanza della genuinità del facilitatore, considerando questa attitudine base per lo sviluppo delle altre.

Maria Montessori (1870-1952)

La relazione con l'educazione

Maria Montessori, con copernicana rivoluzione, rovescia la prospettiva con cui guardare l'infanzia: il bambino conquista il centro della questione educativa e attorno a lui ruotano maestri e nozioni.

La Montessori intese approcciarsi all'educazione con un nuovo sguardo: non più come ad un insegnamento impartito dal maestro al proprio allievo, processo che possiamo definire istruzione, ma come un "processo naturale che si svolge spontaneamente nell'individuo, e si acquisisce mediante l'esperienza diretta del mondo circostante e non ascoltando le parole degli altri"[70]. E' il libero agire che permette al bambino di svilupparsi e crescere, non l'azione dell'adulto su di lui.

Nei primi due anni di vita, sostiene Montessori, si forma il complesso "di ciò che sarà la nostra intelligenza, l'abbozzo del sentimento religioso, dei nostri particolari sentimenti nazionali e sociali"[71]. "Durante questo periodo l'educazione deve essere intesa come aiuto allo sviluppo dei

---

70 MARIA MONTESSORI, *Educazione per un mondo nuovo*, Milano Garzanti Editori, 2000, p.14

71 MARIA MONTESSORI, *La mente del bambino*, Milano, Garzanti Editori, 1999, p. 5

poteri psichici innati nell'individuo umano; vale a dire che la comune e nota forma di insegnamento che ha per mezzo la parola non potrebbe essere usata"[72]. Questo perché, nei primi anni di vita, la mente del bambino ha precise caratteristiche che prevedono un percorso di apprendimento "delle cose della vita" molto differente da quello adulto: la mente del bambino è una "mente assorbente", ovvero che assorbe dall'ambiente le informazioni attraverso i sensi. Non acquisisce informazioni attraverso il canale verbale, o meglio, queste informazioni non lo possono educare e far sviluppare. La sua mente astratta ancora non si è sviluppata.

E' attraverso la mano e con l'agire diretto sull'ambiente che si sviluppa l'intelligenza.

Maria Montessori solo in parte elaborava i metodi pedagogici precedenti, come quello di Pestalozzi, Frobel, Rousseau, modificandone i contenuti con le nuove norme sociali e culturali.

Ella si affida all'attenta e scientifica osservazione del bambino, a ciò che egli ha da comunicare al mondo degli adulti, se lasciato libero di agire nell'ambiente.

La sua formazione scientifica le permette (nella fase iniziale del suo lavoro) di assumere una

---

72 Ibidem, p.2

prospettiva oggettiva nei confronti del bambino, "spogliandosi di ogni preconcetto"[73] e guardando a lui come ad un "essere della natura". L'osservazione scientifica permette di scoprirne gli istinti, i bisogni e il comportamento in determinate condizioni ambientali, come un biologo farebbe con un fiore e uno zoologo durante l'osservazione di nuovo esemplare.

"Non è il professore ad applicare la psicologia ai bambini, ma sono i bambini stessi che rivelano la loro psicologia allo studioso"[74].

La Montessori si definisce, prima di tutto, un interprete del bambino perché non fa altro che assecondare le richieste esplicitate attraverso l'azione; osservando il bambino si colgono le necessità vitali con "lo scopo di scoprire quali siano le leggi della vita"[75].

La studiosa marchigiana ha costruito il suo lavoro, il suo metodo, i suoi materiali scientifici e l'ambiente per il bambino semplicemente lasciandosi guidare dal bambino stesso e dalle sue richieste.

---

73 MARIA MONTESSORI, *La scoperta del bambino*, Milano, Edizioni Garzanti, 1999, p.20

74 MARIA MONTESSORI, *La mente del bambino*, op. cit., p.3

75 Ibidem, p. 12

Dall'osservazione emerse quanto il bambino necessitasse di libertà di movimento, di libero utilizzo delle mani per conoscere il mondo e furono proprio questi stimoli a spingere la Montessori alla creazione di materiale adatto alle loro menti e al loro corpo.

Agli inizi del '900, spesso, l'adulto prestava maggior attenzione alla cura fisica del bambino piccolo, tralasciando il suo sviluppo mentale considerato un'esigenza di periodo successivo. Sovente si guardava al bambino esclusivamente come ad un corpo bisognoso di cure e di protezione:si pensi all'influenza delle scoperte scientifiche del tempo circa l'igiene. Una questione sociale che cominciò a penetrare tra le classi popolari e a diffondersi[76] permettendo al mondo degli adulti di avvicinarsi all'infanzia in un modo nuovo, riflettendo nuova cura da offrire alle piccole creature da proteggere.

L'attenzione per la salute fisica dei bambini fu accompagnata anche da un nuovo sentimento nei confronti dell'infanzia attraverso trasformazioni di tipo urbanistico: nacquero i giardini pubblici, piazze, parchi, oltre che pubblicazioni di libri e giornali pensati esclusivamente per il primo periodo di vita dell'uomo.

---

76 MARIA MONTESSORI, *Il segreto dell'infanzia*, Milano, Garzanti Editori, 1999, p.XI

Ma la vita psichica era ritenuta oggetto dell'età adulta. Considerare il bambino, come un soggetto da studiare in chiave psicologica era ancora difficile. La psicanalisi, attraverso il lavoro di sondaggio sui disturbi psichici dell'adulto, attribuì l'origine di importanti disagi proprio all'età infantile, ma l'attenzione era orientata alla guarigione di questi disturbi riconosciuti e non alla prevenzione degli stessi. "La questione del bambino psichico contiene una profilassi rispetto alla psicanalisi: perché tocca il trattamento normale e generale dell'umanità infantile. -Questo approccio- aiuta ad evitare ostacoli e conflitti, e quindi le loro conseguenze, che sono le malattie psichiche delle quali si occupa la psicoanalisi"[77].

In fondo, conferma Maria Montessori sostenendo il ruolo del bambino come costruttore dell'uomo, per avere uomini sani, felici è necessario educare bambini sani e felici.

Per la Montessori la psiche dell'uomo si sviluppa nei primi anni di vita per poi affinarsi ma le basi si consolidano durante l'infanzia. La sua educazione deve, quindi, essere protetta e assecondata, "oltre che da un'igiene fisica il

---

77 Ibidem, p.9

bambino dovrà essere protetto da un'igiene mentale"[78].

L'educazione inoltre non è un concetto slegato dalla società perché educare il bambino significa educare la società. La vita reale deve entrare nell'azione educativa e questa può così far parte del mondo sociale. "L'educazione non deve essere più basata su un programma prestabilito ma sulla conoscenza della vita umana"[79].

Il bambino è posto alla base di una società pacifica e solidale: per uomini diversi occorre una diversa educazione dell'infanzia.

"Se vi è per la società una speranza di aiuto, questo non può che venire dal bambino, perché in lui si costruisce l'uomo, e di conseguenza la società"[80].

L'infanzia può perciò smettere di essere un "disturbo per l'adulto preoccupato e stanco da occupazioni sempre più assorbenti"[81] e l'adulto può conquistare la possibilità di compiere una trasformazione, un adattamento di sé e

---

78 MARIA MONTESSORI, *La mente del bambino*, op. cit., p.14

79 Ibidem, p. 12

80 MARIA MONTESSORI, *Educazione per un mondo nuovo*, Milano, Garzanti Editori, 2000, p.12

81 MARIA MONTESSORI, *Il segreto dell'infanzia*, op.cit. p.p.XI

dell'ambiente per ospitare il nuovo uomo in costruzione.

Ciò che occorre è, infatti, la preparazione di due ambienti sociali, uno per l'adulto e uno per il bambino. Le esigenze sono differenti e perciò l'ambiente di vita non può essere lo stesso.

La famiglia ha il potere di adattarsi al bambino così come la scuola la quale "è necessario che permetta il libero svolgimento dell'attività del fanciullo perché vi nasca la pedagogia scientifica: questa è la riforma essenziale"[82].

---

82 MARIA MONTESSORI, *La scoperta del bambino*, op. cit.,p.p. 10

La relazione tra l'adulto e Il bambino

Secondo la Montessori si verifica una vera e propria lotta tra il mondo dell'adulto e quello del bambino.

Il bambino è costretto ad adeguarsi al mondo dei "grandi" che non sanno adattare i loro spazi e i loro tempi a lui.

In ogni relazione "sana", invece, è importante che ciascuna parte si accorga e prenda in considerazione il punto di vista dell'altro. La mancanza di empatia può diventare un fattore di disturbo per l'instaurarsi della relazione adulto-bambino. Citando Raniero Regni, "Per capire bisogna capirsi ed essere capiti cosa assai difficile da fare con il bambino"[83].

Per Maria Montessori le criticità nascono dalla differente forma mentis ed evoluzione psicologica che possiedono l'adulto e il bambino. Ciò che circonda entrambi (il mondo) è percepito dall'uomo come qualcosa da osservare, da ricordare. Durante l'infanzia, l'ambiente circostante, acquisisce un altro significato.

Il bambino assorbe ciò che vede e ciò che sente con tutto se stesso, egli non ricorda ciò che

---

83 RANIERO REGNI, *Infanzia e società in Maria Montessori.il bambino padre dell'uomo*, Roma, Armando Editore, 2007, p.226

percepisce, ma le impressioni "raccolte" formano la sua mente. Il bambino non "elabora consapevolmente le informazioni" come invece fa l'adulto, "ma è l'espressione meravigliosa della natura umana; attraverso i sensi essa accoglie l'universalità dell'esperienza umana."[84] Il bambino possieda una vita psichica sin dalla nascita e il bisogno di nutrire la propria mente è pari al bisogno di nutrimento che esprime il suo corpo.

 Se i genitori di ogni cultura e di ogni tempo si sono sempre preoccupati di sfamare biologicamente il bambino, che altrimenti non sarebbe sopravvissuto, altrettanto non hanno fatto per la sua fame psichica che spesso è stata, e a volte lo è tuttora, inascoltata. L'adulto deve, invece, dedicarsi al "bambino ignorato"[85], ovvero il bambino psichico che necessita di costruirsi la propria mente.

L'adulto si sostituisce al bambino, crede di doverlo "riempire", come una vaso vuoto, con la propria saggezza, di doverlo condurre verso lo sviluppo e l'età adulta, crede di essere chiamato a fare tutto al posto suo considerandolo incapace di farcela da sé. Ma così facendo,

---

84 MINA DE SANTIS, *Quale didattica*, Perugia, *Morlacchi Editore, 2010*, p.26

85 MARIA MONTESSORI, *Il segreto dell'infanzia*, op.cit., p.14

inconsciamente, annulla la personalità del bambino, anche se "agendo convinto di essere pieno di zelo, di amore e di sacrificio"[86].

Ciò che viene a mancare nella relazione tra questi due mondi, secondo la Montessori, è proprio la comprensione da parte degli adulti dei reali, costanti e crescenti bisogni inconsci del bambino. L'errore che genera l'incomprensione è da ricercarsi nell'adulto che non sa guardare al bambino , non sapendo accantonare il suo egocentrismo e la sua convinzione di essere il creatore del bambino.

L'adulto deve, per Montessori, saper modellare se stesso e la propria vita alle necessità del bambino per permettergli di svilupparsi e non di adattarsi. Sono l'ambiente e gli adulti a doversi plasmare all'essere nato e durante la sua crescita.

La capacità di adattamento verso il proprio cucciolo è comune ad ogni essere animale e anche all'uomo.

Nel libro *Il segreto dell'infanzia*, per esempio, Maria Montessori illustra la straordinaria abilità del mondo degli insetti e degli animali nel compiere questo sforzo, istintuale, di cambiamento dopo la nascita: l'istinto materno. Non bisogna associare "materno" alla sola

---

86 Ibidem, p.5

"madre", ma all'adulto in generale che sta vivendo il miracolo della procreazione e il proseguimento della specie.

" [...] L'essere adulto che ha la missione di proteggere i nuovi esseri, cambia dunque i propri caratteri e trasforma se stesso, come fosse venuto un tempo in cui la legge consueta che regge la sua vita, si fermasse, per un grande avvenimento della natura".

E' proprio questo insegnamento della natura che l'uomo è chiamato a fare proprio. Il bambino ha bisogno certamente di cure, nutrizione, affetto, protezione, ma in un ambiente che sia adatto a lui, non adatto all'adulto che, anzi, "si preoccupa di chiedere al bambino di essere imitato"[87] nel suo vivere.

Il genitore, come il maestro e come ogni figura adulta che partecipa alla crescita infantile può imparare ad osservare, comprendere ed assecondare il bambino che manifesta naturalmente e con sorprendente puntualità, i propri bisogni fisici e psichici attraverso una particolare voce interiore.

Maria Montessori parla dell'esistenza, all'interno del bambino di una forza spirituale,

---

87 Ibidem, p.286

energia vitale chiamandola "maestro interiore", un maestro "scrupoloso ed esigente"[88]. Questa singolare guida sovrintende il processo di sviluppo psichico sin dall'inizio della vita. Il maestro interiore si manifesta accompagnando il bambino attraverso un percorso caratterizzato da importanti conquiste psichiche e fisiche: la deambulazione, il linguaggio, la coordinazione oculo-manuale, etc.

Ogni conquista avviene durante un preciso periodo di vita, che la Montessori definisce "periodo sensitivo", ovvero una finestra entro la quale una certa acquisizione avviene oppure è perduta per sempre. Differenti periodi psichici coincidono "con le diverse fasi dello sviluppo fisico"[89]. Il periodo di vita da zero a sei anni viene suddiviso dalla Montessori in due fasi distinte: il primo periodo da zero a tre anni e il secondo da tre a sei. Nel primo periodo la vita la mente del bambino ha caratteri inconsci e il "maestro interiore" è l'unica guida che ha il potere di influenzare. L'adulto non può dirigere lo sviluppo infantile, ma solo decidere se assecondarlo o meno.

---

88 MARIA MONTESSORI, *Educazione per un mondo nuovo*, op.cit., p.13

89 MARIA MONTESSORI, *La mente del bambino*, op.cit., p.18

Nella fase successiva, ovvero quella da tre a sei anni, la mente del bambino mantiene ancora le caratteristiche del periodo precedente, ma l'intervento dell'adulto inizia ad avere influenza. La mente dell'infante è, nei primi anni di vita, una "mente assorbente", come abbiamo accennato, ovvero è una mente inconscia. Se "l'adulto acquista conoscenza attraverso l'intelligenza -il ragionamento cosciente- il bambino la assorbe con la sua vita psichica"[90]. Assorbe dall'ambiente gli stimoli riguardanti il mondo e gli esseri umani.

Le informazioni del mondo non "si riversano"[91] semplicemente nella mente, come nell'adulto che accumula informazioni ricevute attraverso il linguaggio verbale. L'uomo adulto trattiene la conoscenza (ovvero, ricorda) rimanendo, però, distinto (la sua mente non si modifica) dalle impressioni ricevute.

Il bambino, invece, non rimane distinto affatto, anzi, si forma con le impressioni dell'ambiente, le informazioni "esterne" formano la sua mente, "incarnandosi in lui"[92] e ciò avviene attraverso la manipolazione e il rapporto con l'ambiente.

---

90 Ibidem, .25

91 MARIA MONTESSORI, *La mente del bambino*, op.cit. p.25

92 Ibidem.p.26

E' semplicemente vivendo e agendo, in altre parole, che il bambino impara a parlare, a muoversi, ad orientarsi.

Questo processo avviene naturalmente, se non ci sono ostacoli nell'ambiente e si manifesta senza necessità dell'intervento dell'adulto il quale deve "limitarsi" ad assecondare e rendere possibile il processo, "riconoscendo in se stesso stesso l'errore ignoto che gli impedisce di vedere il bambino"[93].

L'adulto dovrebbe comprendere che non è in suo potere lo sviluppo del bambino, ma è nelle sue mani la possibilità che lo sviluppo avvenga o meno nei migliori dei modi.

Il bambino che imparerà a muoversi, ad alzarsi, camminare, parlare conquistando passo a passo nuove abilità ha in se' la vera guida allo sviluppo. Queste conquiste avvengono naturalmente e all'interno dei periodi sensitivi. Questo concetto, sviluppato dalla Montessori, è ripreso dagli studi di biologia condotti dallo scienziato olandese de Vries.

Le prime indagini dello scienziato furono rivolte al mondo degli insetti i quali vivono un periodo di formazione molto evidente, passando attraverso le metamorfosi. In ogni "tempo" conquistano una abilità o una caratteristica fisica

---

93 MARIA MONTESSORI, *Il segreto dell'infanzia*,op.cit, p.14

e se sopravvivono a questa fase, affrontano quella successiva.

Ma questi particolari periodi della vita sono, per Montessori, riscontrabili anche nella vita del bambino durante i primi anni di vita e conoscerli offre la possibilità di comprendere i meccanismi di crescenza psichica.

Si tratta di "sensibilità speciali che si trovano negli esseri in via d'evoluzione, le quali sensibilità sono passeggere"[94] e sono costituite da un preciso momento di inizio e di fine.

Durante uno specifico *periodo sensitivo* il bambino presenta una sensibilità all'acquisizione di una certa abilità necessaria al completo sviluppo.

La chiusura di un periodo sensitivo determina l'apertura di un altro periodo.

I periodi sensitivi "si potrebbero paragonare a un faro acceso che illumina interiormente, ovvero a uno stato elettrico che dà luogo a dei fenomeni attivi"[95]. Le stesse acquisizioni, se fatte all'esterno del corrispondente periodo sensitivo, sono connotate da uno sforzo

---

94 Ibidem, p.52

95 Ibidem, p. 55

intellettuale, ovvero "sono dovute ad una attività riflessa"[96].

Il bambino viene guidato dalla sua sensibilità verso certe cose e lasciato indifferente verso altre, che in quel momento non sono ritenute, dal suo organismo, "interessanti" per lo sviluppo.

Quando il periodo sensitivo è trascorso l'occasione di una conquista naturale, se non è avvenuta, è perduta per sempre.

L'ostacolo che più frequentemente si frappone fra il bambino e la sua volontà di agire, secondo la propria inconsapevole guida interiore, è la volontà fortissima e invincibile dell'adulto. Il bambino non lasciato libero di dar voce al proprio "maestro interiore" si trova in un conflitto vitale fra l'impulso creatore e l'amore verso l'adulto.

La risposta che il bambino mette in atto in queste situazioni è "il capriccio", che Maria Montessori definisce una manifestazione della sofferenza infantile. La voce del maestro interiore è troppo forte il lui per non essere assecondata, la sua intensità è pari ad un bisogno fisico, ad una richiesta dell'organismo, a cui il bambino non può rinunciare se non soffrendo.

Come tale l'adulto dovrebbe guardare a questo comportamento infantile, cercando di

---

96 Ibidem,p.56

comprenderne le motivazioni profonde, mostrandosi disposto all'accoglienza e all'ascolto e ricercando un punto d'incontro tra le esigenze del bambino e le proprie. Ma ciò significa mettersi in discussione, rinunciare alla propria autorità di adulto per entrare nella dimensione dell'ascolto dell'altro, della comprensione della pazienza.

L'aiuto che l'adulto può fornire al bambino è quello di farsi "interprete" dei suoi bisogni. Dal latino *inter*, tra, e *prat*, derivante dalla radice greca di *phrazein*, mostrare, manifestare spiegare.

Essere interprete significa dunque saper tradurre, dal latino *trans*, attraverso, *educere*, condurre. Condurre il bambino attraverso il mondo degli adulti.

Il potere e il controllo dell'adulto non hanno certo la possibilità di governare lo sviluppo del bambino, come neanche la sua educazione. Il potere è custodito nella possibilità di farsi interprete dei bisogni del bambino, di essere per lui il punto di riferimento e di sostegno nella scoperta del mondo. L'adulto può concedere il suo aiuto attraverso l'adeguamento del proprio ritmo di vita e la predisposizione di un ambiente adatto al bambino.

Ciò che l'adulto deve ricordare lo si può riassumere nella famosa frase di Chomsky: Non siamo noi ad insegnare ad un bambino il linguaggio ma è lui che sviluppandosi lo apprende, così non è l'acqua che noi versiamo nel vaso a fare di una rosa una rosa.

Il bambino e l'ambiente

Il bambino, secondo la Montessori, vive due periodi embrionali: uno prenatale, che si presenta molto simile a quello vissuto dagli animali e uno postnatale, esclusivo dell'uomo.

L'ambiente uterino necessita di particolari caratteristiche per concedere all'embrione uno sviluppo sano e corretto e altrettanto occorre nel periodo successivo alla nascita. L'ambiente è bene che si presenti favorevole e accogliente, "caldo d'amore e ricco di nutrimento"[97] per garantire lo sviluppo psichico del bambino.
"I diritti di autonomia e di libertà che il bambino rivendica sono espressioni del bisogno di uno spazio di incubazione, un utero, che, così come il grembo materno, contenga senza costringere, racchiuda senza precludere, abbracci senza strangolare"[98].
All'interno dell'utero l'embrione fisico ha uno stretto legame di dipendenza dal corpo materno ed è attraverso lo scambio con l'ambiente che lo circonda che può formarsi e svilupparsi. Allo

---

97 MARIA MONTESSORI, *Il segreto dell'infanzia*, op.cit. p.47

98 ANDREA BOBBIO, *Il bambino tra teoria ed educazione. visioni, interpretazioni e problemi di pedagogia dell'infanzia*,Milano, Edizioni Vita e Pensiero, 2008, p.216

stesso modo "l'embrione spirituale", termine con cui Maria Montessori si riferisce al neonato, è in relazione con l'ambiente nel quale vive.

Come i vasi sanguigni della madre hanno il compito di nutrire il feto, così ciò che circonda il neonato porta nutrimento psichico, fondamentale alla sua sopravvivenza e al suo sviluppo. Propriograzie a questo alimento di natura psichica "l'individuo si forma e si perfeziona"[99].

La Montessori ha posto molta attenzione al tema della cura del neonato, un essere reduce da un immenso sforzo fisico e psichico compiuto per venire al mondo. A suo giudizio è importante garantire un'accoglienza ambientale, emotiva e fisica che riproduca il più fedelmente possibile l'ambiente del ventre materno.

In accordo con il suo pensiero è l'indignazione espressa da Leboyer, ginecologo ed ostetrico francese nonchè precursore del cosiddetto parto dolce. Leboyer sottolinea l'incapacità del mondo adulto di comprendere empaticamente le fatiche, i pianti, la paura e l'angoscia del neonato, e sollecita i protagonisti dell'evento del parto, ad assumere un atteggiamento di accoglienza e di rispetto verso il nuovo arrivato. Auspica un nuovo atteggiamento sia a livello comportamentale, favorendo, ad esempio, il

---

99 MARIA MONTESSORI, *Il segreto dell'infanzia*, op.cit. p.48

contatto con il corpo della madre senza indumenti che costituiscano ostacolo, sia a livello ambientale suggerendo l'utilizzo di luci soffuse e tono della voce adeguato[100].

In questo campo, negli ultimi anni sono stati fatti notevoli progressi. Sebbene al centro della vicenda della nascita sia ancora posta la madre, con i suoi legittimi e comprensibili bisogni senza che la stessa attenzione, in genere, venga riservata al bambino, catapultato, improvvisamente, in un nuovo mondo.

Alla nascita i primi organi a funzionare sono gli organi di senso. Il bambino percepisce tutto ciò che lo circonda, anche se ancora non distingue alcun suono nè alcun oggetto. Dapprima accoglie in sè il mondo, poi lo analizza[101].

L'ambiente entro cui il bambino vive è, solitamente, un ambiente a misura di adulto: gli oggetti, gli spazi, gli arredi si presentano adeguati al soddisfacimento dei bisogni dell'uomo, ma non a quelli del bambino. Gli oggetti sono posti in alto, la sua libertà di movimento viene limitata dalla presenza di pericoli ambientali e gli oggetti a sua

---

100 F. LEBOYER, *Birth without violence*, Alfred A. Knopf, New York, 1975, p.45

101 MARIA MONTESSORI, *Educazione per un mondo nuovo*, op.cit. p.62

disposizione sono, spesso, giocattoli posticci e non oggetti della vita quotidiana.

Il bambino inizia a conoscere il mondo attraverso gli organi di senso e durante i primi due anni di vita completa il suo sviluppo muscolare che permette di iniziare ad agire sul mondo circostante. Pertanto allo sviluppo motorio e psichico del bambino deve corrispondere un cambiamento ambientale: l'ambiente di vita dovrebbe adeguarsi alle misure e ai bisogni del bambino, presentandosi accogliente, sicuro oltre che consentire al bambino di muoversi al suo interno liberamente.

E' attraverso il movimento del suo corpo, che Montessori definisce "movimento grosso" e della sua mano, ovvero "movimento fino", che il bambino costruisce la sua intelligenza.

Lo sviluppo degli arti superiori non procede, come per gli animali, di pari passo allo sviluppo delle gambe. Queste presentano un percorso di sviluppo fisso e comune a tutti gli uomini legato a leggi biologiche e aventi lo scopo di permettere all'individuo di stare in piedi, in equilibrio e muoversi nello spazio.

Il neonato, inizialmente e per lungo tempo, è immobile, osserva l'ambiente circostante ed è grazie al senso della vista che sarà abile ad orientarsi nell'ambiente quando inizierà a muoversi. Allo stesso modo è attraverso il senso dell'udito che dopo molti mesi potrà parlare.

Per ciò che riguarda la mano, invece, non possiamo conoscere a priori l'uso che il bambino ne farà: ogni uomo utilizza le mani per compiere attività estremamente diversificate, "il movimento si può complicare all'infinito, come accade, per esempio, per gli acrobati, o un violinista che può imprimere all'arco movimenti infinitesimali"[102].

Ciò che il bambino diventerà, grazie alle sue mani, non è predeterminato, non è un istinto che si risveglierà come succede per gli animali, i quali, nei loro geni, hanno dettagliatamene specificato ciò che diventeranno. E' certo che la "gazzella diventerà un agile e veloce corridore, un animale lento e goffo nell'andatura se figlio di un elefante, feroce se figlio di una tigre."[103]

Ma per ciò che riguarda l'uomo non possiamo sapere chi diventerà, in quanto essere non determinato, ma ricco di potenziale sconosciuto.

Montessori ritiene pertanto necessario considerare fin dall'inizio della vita la dipendenza psichica della mano e lasciare che questo "misterioso" arto possa agire sul mondo per conoscerlo e farlo proprio. Anche Kant

102 MARIA MONTESSORI, *Il segreto dell'infanzia*, op.cit. p.44

103 Ibidem, p.45

definì la mano come "la parte visibile del cervello"[104].

Esiste nel bambino una vita psichica che precede la vita motrice ed esiste ben prima di essere manifesta ed indipendentemente da ciò.

"[...] la sua apparente inerzia prepara la meravigliosa sorpresa dell'individualità"[105]. Nel periodo in cui il bambino non parla, non cammina e poco interagisce con l'ambiente, la sua mente si sta formando attraverso le informazioni raccolte dagli organi di senso. Per questo è facile comprendere che, per Maria Montessori, ha fondamentale importanza la ricchezza e la cura dell'ambiente di vita del bambino.

"Lo sviluppo della mano è è legato allo sviluppo dell'intelligenza"[106].

L'intelligenza si sviluppa indipendentemente dall'azione fino ad un certo punto, ma poi è la mano, che Montessori considera estensivamente

---

104 E. KANT, cit. in R.REGNI, *Il bambino padre dell'uomo*, op. cit. p.91

105 R. REGNI, Il bambino padre dell'uomo, op. cit., p.46

106   MARIA MONTESSORI, *La mente del bambino*, op.cit. p.151

un organo psichico, a permettere l'ulteriore evoluzione sia delle abilità intellettive che del carattere del bambino.

Per questo gli serve agire sull'ambiente, perché è attraverso l'attività manuale che cresce ed evolve.

L'ambiente deve essere a disposizione delle sue mani perché possano esplorare e, attraverso l'esplorazione, conoscere e quindi svilupparsi.

Per poter compiere una libera esplorazione, l'ambiente di vita dovrebbe assumere caratteristiche adeguate alle dimensioni del bambino ed essere "strutturato su una conoscenza approfondita dei suoi bisogni e delle sue forze"[107]. Ecco che le case e le scuole necessiterebbero di modifiche per adeguarsi al bambino, permettendogli così di incontrare e conoscere in libertà l'ambiente circostante, naturale e domestico per imparare manipolando.

"In tutte le relazioni fisiche che intrattiene con l'ambiente, la personalità pian piano può prendere forma in modo creativo ed unico per ogni individuo"[108].

---

107 SIRA S. MACCHIETTI, GIUSEPPE SERAFINI, *Educazione morale. Pagine di storia della pedagogia dell'infanzia*,Roma, Armando Editore, 2011, p.79

108 ALBA G.A. NACCARI, *Persona e movimento. per una pedagogia dell'incarnazione*, Roma, Armando Editore, 2006, p.95

Per la Montessori l'ambiente è il vero maestro del bambino, perché può fornire tutte le informazioni che gli servono. Ciò accade attraverso l'esperienza attiva e non l'esperienza verbale: va superata, perciò, la concezione secondo la quale il bambino impara ciò che gli viene insegnato, ciò che l'adulto gli dice. Montessori afferma, dopo aver accuratamente osservato l'agire libero del bambino, che l'apprendimento cognitivo attraverso il canale verbale non è la modalità che il piccolo predilige. Specialmente nei primi anni di vita perché la mente astratta non è ancora formata. Solo l'esperienza diretta con le cose possono consentirgli di apprendere e svilupparsi. Gli studi di neurobiologia relativi al sistema dei neuroni a specchio evidenziano proprio la propedeuticità della comunicazione gestuale rispetto a quella verbale: le mani del bambino comprendono e comunicano i concetti correttamente prima di quanto non sappiano fare le parole. La gestualità, in età infantile, tende a trasmettere i concetti più avanzati, facilitando l'apprendimento[109].

Come sostiene Martin Buber, in perfetto accordo con il pensiero della Montessori, "il mondo

109 MARCO IACOBONI, *I neuroni a specchio. Come capiamo ciò che fanno gli altri,* Torino, ed. Bollati Boringhieri, 2008, p.75

genera nell'individuo la persona. Il mondo, cioè tutto il mondo circostante, natura e società, educa l'uomo"[110]. A ciò il filosofo tedesco aggiunge che sono gli elementi della natura ad educare, come ad esempio l'aria, l'acqua, la luce la vita della pianta e dell'animale, che non solo si occupano di educarlo al mondo, ma anche ai rapporti[111].

E' proprio per il rilevante ruolo nella costruzione psichica che Maria Montessori assegna all'attività del bambino il termine di "lavoro", per sottolineare l'importanza dell'agire del bambino, per allontanarsi dall'idea dell'azione infantile associata al gioco e all'inutilità. Quando il bambino agisce in modo attivo, costruttivo, entrando in uno stato di concentrazione importante, il bambino sta lavorando alla costruzione di sè. Per questo all'interno della scuola montessoriana non sono presenti i giochi per far *svagare* i bambini, i quali dimostrano di non desiderare la dispersione delle loro energie. All'interno dell'aula le attività hanno lo scopo di favorire la concentrazione. I bambini trovano i "lavori", attività reali, legate alla quotidianità

---

110   MARTIN BUBER (a cura di) ANDREA POMA, *Il pensiero dialogico ed altri saggi*, op.cit. p.168

111   Ibidem, p.169

(grattuggiare il pane, lavare i panni, travasare, pulire il pavimento, infilare perle in una stringa...) adeguati alle loro mani, al loro grado di sviluppo. I "lavori" cambiano, diventando più complessi, quando il bambino manifesta un'evoluzione delle sue abilità e dei suoi interessi.

Lo scopo dell'educazione montessoriana è che il bambino venga "catturato" da un ambiente attraente, in cui possa dedicarsi ad attività stimolanti, gratificanti e, inconsciamente, dedicarsi alla delicata costruzione della propria persona. Il bambino può scegliere, all'interno dell'ambiente, il lavoro a lui più adeguato e dedicarsi ad esso per tutto il tempo che desidera.

"Il lavoro adulto trasforma l'ambiente, quello del bambino costruisce l'uomo."[112]

Maria Montessori sottolinea l'importanza di distinguere il lavoro dell'adulto, da quello del bambino: lo scopo e l'origine non coincidono.
Il lavoro dell'adulto è un lavoro esteriore, produttivo, sociale e collettivo. E' organizzato e ha lo scopo di costruire e modificare l'ambiente.

---

112 RANIERO REGNI, *Educare con il lavoro: la vita activa oltre il produttivismo e il consumismo*, Roma, Armando Editore, 2006 p. 14

Inoltre il lavoro adulto prevede l'impiego del minor sforzo possibile unito al maggior risparmio di tempo possibile.

Il lavoro del bambino racchiude in sè altri obiettivi. Esso è volto a costruire l'uomo. E' un lavoro interiore, incosciente e guidato da un'energia spirituale. E' un lavoro che non presenta alcun scopo esteriore; infatti la conclusione di ogni attività non è determinata da una motivazione esterna, come invece è per l'adulto. La motivazione al lavoro è tutta interna.

Montessori notò come il bambino prosegua e ripeta più volte la sua attività finché non si senta appagato e soddisfatto da essa e non perché consideri il lavoro terminato.

Come ci dice Maria Montessori in *La scoperta del bambino,* il piccolo uomo "ama di più l'azione di vestirsi che lo stato di vedersi vestito, ama l'azione di lavarsi più che il benessere di sentirsi pulito, ama costruirsi una casa più che possederla. Poiché egli non deve godersi la vita, ma formarsela"[113].

La differente interpretazione del lavoro fa sì che spesso l'adulto sia spinto dall'istinto di sostituirsi al bambino, per sollevarlo dalla fatica, per "non fargli perdere tempo" e ciò perchè, anche se guidato dall'amore e dal desiderio di

---

113 MARIA MONTESSORI, *La scoperta del bambino,* op.cit.,p. 335

cura, non comprende a pieno lo scopo del suo agire.

Il bambino è un esploratore che cammina, si muove nel suo ambiente fino a quando non viene attratto da qualcosa che lo "illumina", lo richiama e a cui deve essere libero di rispondere. Individuata l'attività da compiere il bambino si dedica ad essa con tutto se stesso.

Proprio sull'ambiente bisogna agire, secondo Montessori, per liberare le manifestazioni infantili: il bambino si trova in un periodo di creazione ed espansione; basta solo concedergli libertà d'espressione.

La nuova concezione dell'educazione va accompagnata ad un nuovo ambiente di lavoro: il banco e la posizione frontale di maestro e allievo erano ciò che, in passato, necessitava all'istruzione. L'attività del maestro, ovvero quella di proporre contenuti al bambino in forma verbale ed unidirezionale, richiedeva che il bambino rimanesse fermo ad ascoltare, visibile nella sua immobilità.

Il maestro ricercava una posizione spesso sopraelevata e comunque frontale ai bambini, per non perdere mai di vista volti e movimenti da disciplinare.

L'educazione montessoriana abbandona queste credenze, perché ha fiducia nel bambino, perché orientata al libero movimento. L'immobilità esiste se il bambino sente il bisogno di riposarsi o nasce spontanea quando il bambino viene attratto da una attività presente nella classe che lo trasporta nel "flusso della concentrazione"[114].

E' proprio attraverso il movimento e l'incontro con l'ambiente che il bambino apprende le nozioni e l'autodisciplina, che diventano "parte" del bambino naturalmente e spontaneamente.

Il maestro stesso é in movimento: per andare verso i bambini ed essere presente, accanto ad ognuno di loro, quando viene chiamato implicitamente o esplicitamente dai bambini.

Il banco pesante e fisso, i mobili chiusi a chiave lasciano il posto ad un mobilio leggero e facilmente trasportabile, ad armadi bassi che espongano il materiale a disposizione del bambino.

Ma l'ambiente di vita e di lavoro del bambino è anche un ambiente emotivo e relazionale che, come l'ambiente fisico, deve adeguarsi al bambino, andandogli incontro con amore e rispetto. Ecco allora il maestro allontanarsi dai giudizi, dai rimproveri, dai premi e dai castighi.

La libertà di movimento si associa alla libertà di "lavoro" autonomo contribuendo al processo di autoeducazione.

Il materiale presente in classe è autocorrettivo: se viene commesso un errore durante

---

114 cit. in DANIEL GOLEMAN, *Intelligenza emotiva*, Milano, Edizioni Bur, 1999, p.121

l'esecuzione è possibile accorgersene autonomamente, perché il materiale "non funziona" e il bambino non riesce a svolgere l'attività. Così tenterà di correggere il proprio agire, proverà a modificare il proprio comportamento per raggiungere il risultato e una volta raggiunto sarà orgoglioso di se stesso. Ciò sarà fonte di fiducia e stima di sé.

In una scuola montessoriana non è il maestro a far notare al bambino di aver sbagliato, intromettendosi nella sua attività, ma sarà lui con le sue forze ad accorgersene e porre rimedio. E' qui che risiede la fiducia nell'abilità e nell'intelligenza del bambino. Il maestro deve sapere attendere una esplicita richiesta d'aiuto o godersi il meraviglioso spettacolo della gioia che brillerà nei suoi occhi.

Il rispetto, la fiducia che il bambino riceve sarà d'esempio per le relazioni che tesserà con gli altri.

"Il bambino passa da un potenziale che si fa attuale attraverso un'energia espansiva che si riversa nell'ambiente"[115]. Se l'ambiente, fisico e relazionale, sarà preparato ad accoglierla avremo compiuto il primo obiettivo dell'educazione.

---

115   MARIA MONTESSORI, *Il segreto dell'infanzia*, op.cit. p.146

La maestra

"Il maestro imparerà dal fanciullo stesso i mezzi e la via per la propria educazione, cioè imparerà dal fanciullo a perfezionarsi come educatore"[116].

Se, dunque, l'educazione è considerata dalla Montessori come "autoeducazione", ovvero un processo naturale interno al bambino che nasce dal suo rapporto con l'ambiente circostante, quale ruolo riveste l'educatore nel processo educativo?

L'educatore veste nuovi panni rispetto al passato e alla scuola tradizionale: lascia il ruolo di "oratore", di dispensatore di nozioni astratte per farsi, prima di tutto, attento osservatore delle libere espressioni dell'infanzia.

Bisogna "avere fede nel fanciullo che -ci- sta davanti, che mostrerà la sua vera natura quando troverà un lavoro che lo attragga"[117].

La maestra non è più sola con il proprio sapere. Di fronte ad un bambino seduto, fermo e pronto ad accogliere ciò che l'adulto deciderà di offrirgli. Il suo lavoro è coadiuvato dal materiale

---

116 MARIA MONTESSORI, *La scoperta del bambino*, op.cit. p. 9

117 MARIA MONTESSORI, *La mente del bambino*, op.cit,p.276

presente nell'ambiente che è anch'esso, come abbiamo avuto modo di esprimere precedentemente, maestro.

Chi educa in una scuola montessoriana, non ha una cattedra a cui sedere, ma condivide l'ambiente fisico ed emotivo con i bambini.

L'aula è movimentata, l'arredo non è fisso, ma muta a seconda delle esigenze della classe.

La stessa mobilità appartiene alla maestra, la quale è libera di dirigersi dove ritiene necessaria la sua presenza. Il suo compito si discosta da quello di "dover fornire cognizioni, affrettandosi a correggere ogni errore"[118] fino a quando il bambino non abbia imparato. La bravura dell'educatrice montessoriana è racchiusa proprio nella capacità di comprendere quale debba essere il suo posto in ogni preciso momento della giornata. Ci saranno situazioni in cui la sua presenza sarà necessaria per sostenere un bambino, presentare ad esso un materiale o interrompere un'azione inappropriata. Ma ci sarà anche il momento in cui la maestra dovrà saper "scomparire" e lasciare i bambini liberi di rapportarsi individualmente con il materiale e con gli altri.

L'agire della maestra nasce dall'osservazione del bambino; ella imparerà a comprendere le

---

118 MARIA MONTESSORI, *La scoperta del bambino*, op.cit. p. 164

situazioni e a non fare l'errore di lasciarsi ingannare dal pregiudizio, dalla fretta o dall'impazienza.

Il suo lavoro consiste nel "preparare una serie di spunti e incentivi all'attività culturale, distribuiti in un ambiente preparato, per poi astenersi da ogni intervento troppo diretto ed invadente"[119].

La Montessori esprime spesso, nei suoi testi, la necessità che la maestra si formi attraverso un percorso spirituale prima ancora di diventare l'esperta del materiale di lavoro.

Colei, o colui, che si occupa di educazione è perciò invitato a lavorare su di sé per comprendersi a pieno, conoscere i propri ostacoli, le proprie paure i propri pregiudizi per liberarsene.

La Montessori racchiude ciò che occorre alla maestra nelle parole *pazienza* ed *umiltà*.

La presenza non invasiva nell'attività del bambino concede alla maestra un nuovo ruolo, ovvero quello di regista dell'ambiente. Proprio per questo prende il nome di *Direttrice,* non già per la sua direttività, ma perché, "conoscendo perfettamente il metodo e capace di applicarlo letteralmente, deve avere la funzione di un'educatrice che non insegna qualcosa, ma che

---

119 Ibidem, p.14

dirige soltanto, senza alcuna imposizione, l'attività del bambino"[120].

I materiali presenti in classe "non sono da intendersi come un sussidio didattico. Non sono cioè un aiuto alla maestra che "spiega", ma sono un aiuto al bambino il quale scegliendoli, li usa per tutto il tempo che vuole"[121]. E' così che il materiale diventa "mezzo di sviluppo"[122]. L'uso consapevole che il bambino fa del materiale lo rende entità attiva e il bambino sarà orientato, dal suo maestro interiore, a "scegliere gli oggetti che lo possono aiutare alla costruzione di se stesso"[123].

L'abilità della maestra è pertanto racchiusa nella capacità di "osservare, servire, accorrere, ritirarsi, parlare o tacere, secondo i casi e i bisogni"[124].

---

120 PIETRO BOCCIA, *Socializzazione e controllo sociale,corso di scienze sociali per il II anno dei licei delle scienze sociali*,M&P edizioni,2008, p.187

121 ENRICO BOTTERO, *Il metodo di insegnamento: i problemi della didattica nella scuola di base*, p.125

122 MARIA MONTESSORI, *La scoperta del bambino*, op.cit, p. 165

123 MARIA MONTESSORI, *La mente del bambino*, op. cit. p. 221

124 Ibidem, p.165

Ciò che più è rilevante nel comportamento della maestra è la sua capacità di "farsi da parte", di comprendere umilmente la sua "inutilità" nel momento in cui il bambino ha individuato un'attività e ha saputo entrare in una stato di concentrazione.

"Saper allontanarsi così che lo spirito del bambino possa avere campo di espandersi liberamente"[125].

La maestra funge da collegamento tra il materiale e il bambino. Uno dei suoi compiti consiste nell'illustrare l'uso dei materiali, ovvero farne una *presentazione*, per poi lasciare il bambino libero di dialogare con il materiale.

Con l'aiuto delle parole di Martin Buber possiamo arricchire il concetto di questo prezioso e delicato "rapporto a tre": "l'educatore deve leggere nel mondo e trarre a sé le forze del mondo di cui l'educando ha bisogno per la costruzione del suo essere"[126].

Le mani del bambino, che producono conoscenza, abbandonando il canale verbale quale unico mezzo di comunicazione di sapere. Il bambino si arricchisce attraverso la conoscenza diretta delle cose, non tramite le

---

125 Ibidem, p.261

126 MARTIN BUBER,(a cura di) ANDREA POMA, *Il principio dialogico e altri saggi*, op.cit.,. p.181

parole dell'adulto. Ma questi, in ogni caso, ha un ruolo tutt'altro che secondario. Quando la maestra "abbandona" il ruolo attivo nella classe assume quello di osservatrice. L'osservazione è basilare, perché base dell'azione.

Dopo l'osservazione c'è la scelta dei materiali più idonei da proporre e, di conseguenza, la preparazione della maestra al loro utilizzo. Questo compito consiste nell'analisi dei movimenti che costituiscono un certo *lavoro*. Le azioni selezionate andranno a costituire l'attività di *presentazione,* per la quale occorre molto esercizio.

Attraverso l'attività di *presentazione* viene mostrata la procedura d'esecuzione di uno specifico *lavoro.*

I movimenti sono lenti, chiari, essenziali. Il tono della voce calmo e sussurrato per facilitare l'ingresso del bambino nello stato di concentrazione. Al termine di questa fase il bambino rimane a tu per tu con il materiale, con il quale può esercitarsi e sperimentare.

Durante l'attività di lavoro non viene mai interrotto, ma lasciato libero di conoscere e da eventuali errori e difficoltà imparare.

L'autocorrettività del materiale consente al bambino di sentirsi protagonista dei propri successi, perché si scopre capace di riparare autonomamente ai propri errori.

Montessori, parlando delle sue classi, chiede al lettore di immaginarsi una palestra: come il maestro di ginnastica fa esercitare i suoi allievi con gli attrezzi per renderli robusti, così i materiali della classe permettono alla mente di formarsi e svilupparsi, ma solo tramite esercizio diretto, ripetuto e costante.

Dove è nascosta la bravura della maestra? Nella sua puntualità.

La maestra deve sapere *quando* presentare un materiale, *a chi* presentarlo e *come* porsi nei confronti di quel bambino. Queste doti emergono dall'accurata osservazione dei bambini all'interno della classe, focalizzandosi sulle loro attitudini, abilità, sensibilità, e tenendo in conto il loro personale e differente livello di sviluppo.

La scelta del materiale giusto, presentato al momento opportuno, permette di "provocare da parte del fanciullo un interesse profondo"[127]. L'interesse è fonte di concentrazione la quale rappresenta il punto di partenza del percorso di *normalizzazione.*

Per fare ciò la maestra è tenuta a conoscere perfettamente il materiale presente nell'ambiente, avendone appreso a pieno la tecnica necessaria per utilizzarlo. La sua

---

127 MARIA MONTESSORI, *La scoperta del bambino*, op.cit. p. 166

sensibilità è guida nella scelta del materiale da presentare. Questo non deve risultare troppo facile perchè il bambino si annoierebbe e non trarrebbe vantaggio dal lavoro. Ma non può nemmeno essere troppo complesso, rischiando, in questo caso, di mortificare le aspettative.

Altro importante compito della maestra è "abituare i bambini all'ordine dell'ambiente, vigilare che - il bambino- non sia disturbato quando è assorto nel lavoro"[128].

Per facilitare la costruzione psichica del bambino la maestra si porrà nei suoi confronti con un aspetto ordinato così come saranno ordinati i suoi movimenti nello spazio. Anche l'ambiente dovrà presentarsi sempre pulito, bello e in ordine.

In aggiunta a ciò, ogni materiale deve possedere il suo posto nell'ambiente per facilitare l'orientamento ed invogliare al riordino.

L'attenzione che Maria Montessori pone per l'ordine ha origine dall'osservazione del bambino, come per ogni altro aspetto del suo metodo educativo.

Specialmente nei primi anni vita l'ordine interno, ovvero quello psichico, si crea grazie all'ordine delle informazioni che i sensi catturano dall'ambiente. L'ordine esterno

---

128 ENRICO BOTTERO, *Il metodo di insegnamento: i problemi della didattica nella scuola di base,* op.cit., p.125

(sonoro, ambientale, emotivo, relazionale) è ciò che permette la creazione dell'ordine interno, ovvero una coerente e corretta catalogazione delle informazioni.

La Montessori, parlando dei periodi sensitivi, individua un periodo di particolare sensibilità all'ordine: il bambino ha bisogno di vivere nell'ordine per costruirsi una mente ordinata.

Il raggiungimento di questo obiettivo è favorito anche dall'organizzazione del materiale presente in aula.

Ogni materiale è presente in una sola copia in modo che i bambini possano dedicarsi ad un preciso lavoro una alla volta. Ciò non va letto come rifiuto della socializzazione o della cooperazione, valori invece fortemente perseguiti, ma come un'azione di rispetto dei singoli e dei loro differenti tempi di lavoro.

Difficilmente più bambini contemporaneamente saranno interessati a svolgere la medesima attività perché gli interessi sono diversi, gli impulsi non sono gli stessi e il percorso di crescita è personale ed unico.

In questo clima di lavoro si sviluppa, inoltre, la capacità di saper attendere. Un bambino interessato ad un lavoro "occupato", imparerà ad aspettare il proprio turno. Qui si cela l'abilità della maestra di dirigere il bambino, che ancora non sa gestire autonomamente l'attesa, verso un'attività che può dargli ugualmente gratificazione.

La pazienza è una virtù che si respira in un ambiente montessoriano. I bambini devono essere pazienti con gli altri come con loro stessi.

La stessa pazienza, unita all'umiltà è richiesta alla maestra. Come colui che studia e osserva le piante, gli insetti o gli eventi naturali deve saper attendere il naturale corso degli eventi, rispettandone i tempi per ottenere risultati positivi e reali, così deve agire la maestra.

Essa deve sapere che il tempo dell'adulto e il tempo del bambino sono differenti, come le loro esigenze e, come abbiamo visto, la loro motivazione al lavoro.

La pazienza è racchiusa nella capacità di fermarsi ad osservare il bambino nelle sue libere manifestazioni, per andare oltre la prima impressione ponendosi umilmente di fronte a lui. Poi viene il tempo della riflessione sulle osservazioni eseguite.

L'osservazione, per Maria Montessori, corrisponde alla sapienza: quando la maestra imparerà a guardare i bambini e non si limiterà a vederli, saprà agire nel modo migliore.

La relazione a confronto

Unità e realtà

Dall'incontro dei tre autori di cui abbiamo parlato nasce un uomo che guarda a sé e agli altri con fiducia e possiede la capacità di assumere una prospettiva di apertura verso le novità che le esperienze personali e condivise possono riservare.

Quest'uomo, per poter contribuire alla nascita di un'autentica relazione, accetta l'altro nella sua essenza ed unicità, lo accoglie e lo conferma senza giudicarlo con umiltà e pazienza offrendosi in tutta la sua purezza e realtà.

L'unità è una caratteristica della persona che accomuna il pensiero dei tre autori, pur dedicandosi alla descrizione di un essere umano spesso molto simile, lo affrontano da prospettive diverse: Montessori guarda al bambino, Rogers all'uomo adulto, (spesso riferendosi ai suoi pazienti) e Buber all'individuo nella relazione.

L'*individuo* buberiano, che si è fatto *persona*, sa leggersi come unico, integro, complesso e con lo stesso sguardo si rivolgere all'altro quando lo incontra. Non bisogna però pensare alla *persona* come ad una "unità statica e uniforme, ma ad una consistente e dinamica unitarietà, ad una varietà diversificata, nella quale la molteplicità

prende forma come unitarietà del carattere"[129].
Si può quindi supporre che la *persona* di Buber
sia simile all' "uomo psicologicamente maturo"
disegnato da Rogers, ovvero un essere in grado
di accettarsi nella propria realtà ed unicità senza
timore di mostrarsi al mondo per ciò che è, abile
nel comprendere il mutare continuo delle proprie
emozioni, padrone nell'esaminare i propri
vissuti adeguando ad essi il proprio
comportamento e quindi le proprie relazioni.
L'azione messa in campo è perciò sempre nuova
ed unica perchè è determinata dalle condizioni
ambientali, dal proprio stato interiore e dalle
emozioni percepite. Possiamo quindi ipotizzare
che accettarsi nella propria unicità significhi
accettare i cambiamenti del proprio sentire
interiore, non percependoli come minacce ma
come risorse di crescita e sviluppo.
Il pericolo in cui, secondo Rogers, l'uomo può
incorrere è la frammentazione di sé, dovuta
all'incapacità dell'individuo di rimanere sé
stesso di fronte al cambiamento. Ritengo
importante precisare che per l'autore
l'adattamento di sé alle situazioni è inevitabile,
ma l'essenza della propria persona, ovvero, i
propri valori uniti alle proprie idee e alle
emozioni non devono essere plasmati dalle

129 MARTIN BUBER, (a cura di) ANNA ALUFFI PENTINI,
Discorsi sull'educazione, op. cit., p.102

esperienze e dall'incontro dell'altro se non per propria volontà.

Come ci suggeriscono i recenti studi delle neuroscienze "l'ambiguità è una caratteristica dell'individuo che nella perenne ricerca di una identità e di un ruolo sociale fa dell'ambiguità uno dei suoi tratti principali. L'ambiguità consiste non nel costruire confini precisi tra sé e gli altri, tra il mondo e l'Io. Tra l'Io e il mondo esterno c'è una relazione dinamica cui l'uomo deve adattarsi cercando di mantenere comunque una percezione stabile della propria identità"[130].

Se ciò non avviene quello che l'uomo può rischiare è di precipitare in uno stato di incongruenza, dice Rogers, ovvero di frammentazione di sé. In questa condizione l'uomo smarrisce la capacità di percepirsi realmente e propone a sè e agli altri un falso sé.

All'uomo, sostiene sempre Rogers, serve pertanto dare spazio alla propria *forza attualizzante,* ovvero quella voce interiore che può condurlo verso la reale percezione di sé. Tutto ciò si può paragonare a quella realtà che Buber attribuisce all'uomo autentico, perché entrambi questi "uomini reali" conoscono la propria persona, i propri desideri e i propri limiti e non necessitano di fingere all'interno delle

---

130 LUDOVICA LUMER, SEMIR ZEKI, *La bella e la bestia: arte e neuroscienze,* Bari, Edizioni Laterza, 2011, p.p. 35-36

relazioni, non avendo bisogno di compiacere o di convincere.

Rogers al termine "realtà" associa il termine "congruenza", per indicare lo stato interiore cui l'uomo può ambire per "sentirsi integro ed intero". Reale o congruente è colui che sa vivere "senza corazza difensiva, cosciente di ciò che egli è realmente"[131] e pronto a presentarsi in tutto se stesso ed umilmente agli altri.

La frammentazione o dualità che l'uomo rogersiano deve affrontare e superare è una separazione tra il sentire interiore e il comportamento adottato. Spesso tra questi due aspetti propri, del soggetto agente, esiste un'incongruenza che impedisce, appunto, che i due livelli siano in accordo.

L'origine di ciò che guida l'azione è la causa principale che Rogers attribuisce alla mancata congruenza. Rogers, incontrando i suoi clienti, cerca infatti di comprendere quale sia la guida interiore che dirige i loro comportamenti. "La persona psicologicamente matura" non tace la voce racchiusa nel profondo della sua anima, anzi, permette ad essa di decidere quali scelte effettuare, quali comportamenti adottare. Le emozioni, i desideri e i bisogni profondi hanno

---

131 CARL ROGERS, *Libertà nell'apprendimento*, op. cit., p.261

priorità di soddisfacimento e il giudizio altrui non è vincolante.

Ciò che Rogers individua nei suoi studi è che la "spinta ad agire" dettata dalle norme e dalle regole di vita imposte dall'esterno, spesso è adottata inconsciamente come unica guida, a scapito del reale sentire interiore molte volte soffocato.

L'incongruenza, che secondo Rogers si viene così a creare, genera disagio, come abbiamo avuto modo di accennare precedentemente. Per questo motivo l'azione della terapia rogersiana incentrata sul cliente ha proprio lo scopo di riunire l'uomo, aiutarlo ad ascoltarsi più attentamente e a guardarsi per ciò che è, dandogli la possibilità di vivere più serenamente con se stesso e con gli altri.

Questa serenità dell'individuo possiamo considerarla come base per lo sviluppo delle relazioni autentiche buberiane, le quali prevedono la compresenza di persone sicure di sé, forti delle competenze acquisite e perciò capaci di sostenere un confronto aperto e reale, fondato sull'accettazione e la conferma dell'altro.

Come spiega Martin Buber, durante il suo confronto con Rogers avvenuto ad Ann Arbor, in Michigan, il 18 aprile 1957, tra "accettazione" e "conferma" occorre fare una distinzione: se per accettazione s'intende la capacità di accettare l'altro per com'è nel preciso momento in cui lo si incontra, ovvero nella contingenza, per "conferma" si descrive la disponibilità di "accettare tutte le potenzialità dell'altro [...] posso più o meno riconoscere in lui la persona che è stata *creata* per diventare, lo confermo in me stesso e poi in lui, in relazione a questa potenzialità che lui rappresenta e che ora può essere sviluppata, può evolversi e rispondere alla realtà della vita"[132].

La capacità di confermare l'altro, presente in Buber, emerge anche dalle idee di Maria Montessori che evidenzia la necessità di leggere nel bambino l'uomo che potrà diventare, o per usare le parole di Martin Buber, in quel "tesoro delle eterne possibilità"[133].

Quanto appena detto si può verificare considerando il bambino come un essere unico, sia per la sua unicità che per la sua unità di mente e corpo. Per la Montessori c'è una stretta correlazione tra il movimento e la mente, tra l'azione e il pensiero che possiamo definire propedeutica all'unità tra i sentimenti e i comportamenti dell'adulto di cui tratta Rogers.

---

132 HORWARD KIRSCHENBAUM E VALERIE LAND HENDERSON (a cura di), *Dialoghi di Carl Rogers*, op.cit., p.p.40

133 GIUSEPPE MILAN, *Educare all'incontro, La pedagogia di Martin Buber*, op.cit.,p.p.73

Entrambi gli autori condividono l'idea che il bambino possieda una saggezza organismica che può aiutarlo nello sviluppo e nella crescita.

Rogers, afferma che, "studiando il suo comportamento durante l'infanzia, possiamo rilevare come egli sia naturalmente indotto a preferire tutte quelle esperienze che servono a sostenere, a potenziare o a realizzare il suo organismo, mentre rifiuta tutte quelle che non servono a tale scopo"[134].

Nessun adulto si immagina di dover insegnare ad un bambino a parlare, a deglutire, a dormire un certo numero di ore. E' l'organismo del bambino stesso che "detta le regole", ovvero i tempi e le modalità per apprendere.

La saggezza organismica non solo custodisce e preserva il corpo del bambino, ma si occupa anche del delicato lavoro di costruzione della mente. Ciò che la Montessori nei suoi scritti ha illustrato rispetto a questo concetto, è la stretta e inscindibile correlazione che esiste tra l'organismo e la psiche: nello specifico tra la mano e la costruzione dell'intelligenza.

Quando consideriamo il sistema nervoso possiamo pensarlo in tre parti interconnesse tra loro: il cervello, i sensi e i muscoli. Attraverso i sensi raccogliamo le informazioni che vengono

---

134 CARL ROGERS, *Libertà nell'apprendimento*, op .cit, p. 278

elaborate dal cervello e i nervi trasmettono energia alla carne, ovvero ai muscoli che possiamo considerali come "il punto d'arrivo del sistema nervoso".

"Senza muscoli l'espressione dei pensieri sarebbe impossibile"[135].

Il sistema nervoso di cui fanno parte i muscoli è ciò che mette l'uomo in relazione con l'ambiente, "ecco perché lo si chiama *sistema di relazione*". Senza il sistema nervoso l'uomo non avrebbe relazioni con tutto ciò che è parte del suo ambiente e quindi neanche con gli individui. E' il sistema di relazione, ovvero il sistema nervoso, a poterci elevare spiritualmente comprendendo il cervello e quindi il pensiero. Di conseguenza, nello stesso modo in cui ci si occupa di preservare la buona salute dei nostri organi per vivere bene (come polmoni, cuore, stomaco, etc.), così ci si dovrebbe dedicare alla cura del cervello. Ma come?
Attraverso l'esercizio. Il movimento applicato attraverso i muscoli è ciò che può curare le sorti della nostra mente, "in altre parole possiamo raggiungere un'elevazione spirituale attraverso l'azione"[136].

---

135 MARIA MONTESSORI, *La mente del bambino*, op.cit. p.140

136 Ibidem,p.142

Ciò che bisognerebbe evitare è di riservare ai muscoli il ruolo di "strumento del sistema vegetativo"[137], perché ciò potrebbe essere causa della frattura tra la vita fisica e quella mentale.

Il bambino necessita di svilupparsi sia fisicamente che mentalmente, per questo, quando si pensa alla sua educazione, si dovrebbe includere il movimento per non dividere "due cose che la natura ha disposto unite"[138].

Pensando alle parole di Montessori, la prima esperienza di unità che l'uomo può compiere è legata, allo sviluppo armonico, unico e contemporaneo dei muscoli e della mente. L'ambiente, all'interno del quale è inserito il bambino, è ciò che si trova tra il movimento e la mente, la quale si forma e si perfeziona attraverso l'azione.

Tramite l'agire sull'ambiente il bambino si sviluppa nel fisico, a livello cognitivo e sul piano relazionale. L'unità è composta perciò dal corpo, dalla mente e dall'ambiente.

Pensare quindi di educare in modo disgiunto corpo e mente e far sì che si sviluppino su due strade parallele e non su un unica strada, potrebbe essere considerata una prima esperienza rogersiana di frammentazione di sé.

---

137 Ibidem, p.143

138 Ibidem, p.144

Come ci suggerisce Montessori, il bambino libero nell'ambiente agisce su di esso, non lo contempla. Per apprendere nozioni come le dimensioni, le lunghezze, le altezze, il bambino predilige utilizzare le mani e non il canale verbale. Potremmo supporre, che Buber confermi questo concetto quando parla dell' "istinto alla creatività del bambino", ovvero del suo profondo e irrefrenabile istinto a toccare, a manipolare, per creare o distruggere. Dietro a quest'azione la Montessori vede il lavoro del bambino alla costruzione di sè, della sua persona. Per formare persone adulte armoniose, unite e capaci di ascoltarsi, forse, bisognerebbe educare nell'ascolto e nell'armonia, predisporre le nostre scuole al bisogno di movimento e azione del bambino, assecondando ciò che ci mostra di desiderare. L'uomo saprà ascoltare maggiormente i suoi bisogni e i suoi desideri se sarà stato libero di farlo durante i primi anni di vita.

In questi primi anni, dice Maria Montessori, il bambino è guidato nel suo agire non dalla volontà che ancora non si è sviluppata, ma da una forza inconscia, da un maestro interiore, che ben conosce ciò di cui il bambino necessita per crescere e svilupparsi. Il bambino viene come "catturato" da questo maestro interiore, che lo fa agire. Non può non dargli ascolto, proprio perchè la sua capacità di ragionamento e di conseguenza la sua capacità di limitarsi, non è ancora formata. Lasciando il bambino libero di fare e di costruire la propria mente, si potranno avere bambini sereni, soddisfatti, sicuri delle proprie abilità, non timorosi del mondo, ma curiosi di scoprire altro ed altri.

Un bambino libero di ascoltare il proprio maestro interiore avrà maggior possibilità di diventare la "persona pienamente realizzata" di cui parla Rogers, perché sarà stato educato all'ascolto, a darsi risposte attraverso la libera scelta, la libera azione e il "libero sbaglio".

Il delicato periodo dell'adolescenza vede "la messa in discussione contemporanea di ogni certezza, di ogni punto di arrivo precedente"[139] ed è da considerarsi una fase estremamente critica, come conferma anche Rogers. Il ragazzo potrà essere più forte per affrontare un così delicato periodo di vita se avrà coltivato, durante l'infanzia, la fiducia in sé stesso, nelle proprie abilità e possibilità. Il cambiamento sarà inevitabile, ma forse non sarà vissuto come un'estrema sofferenza, perché potrà essere affrontato e superato come un momento di transizione e di scelte importanti.

L'adolescente rischia di perdere la capacità di ascoltarsi, perché vive una fase della vita di

---

139 CHIARA MAROCCO MUTTINI, *Disagio adolescenziale e scuola*, Torino, Utet libreria, 1997, p.14

estrema fragilità psichica, dovuta a rapidi mutamenti fisici, psichici e relazionali in atto. Il rischio maggiore che individua Rogers è che il soggetto possa incorrere in un trasferimento della guida del proprio agire: la guida interna può diventare esterna. Ciò che conduce l'uomo può non essere più la sua volontà intima (il corrispondente a livello conscio del maestro interiore dell'infanzia), ma la necessità di conservare la stima e l'amore altrui. Ciò che può guidare l'agire e lo scegliere dell'adolescente è, per Rogers, il timore del giudizio degli altri per la persona che sta diventando: prima quello di mamma e papà, che si unisce a quello dei maestri, e degli amici e di altre figure di riferimento. Ma è facile comprendere come l'uomo non possa prescindere dal mondo delle relazioni, dal confronto con gli altri essendo costantemente immerso in una rete di rapporti interpersonali.

Le neuroscienze ci illuminano sull'esistenza del cosiddetto "cervello sociale". I rapporti personali, come scrivono Lumer e Zeki dell'University College di Londra, "sono il risultato della capacità di creare uno spazio "noi-centrico", noi diventiamo ciò che siamo plasmandoci nelle relazioni con gli altri. Il cervello sociale ci permette di comprendere, precedere e immaginare l'agire altrui. L'adolescente vive il periodo evolutivo più importante perché è il momento in cui deve modellare la propria immagine, separarsi dai genitori, costruirsi un'identità sociale, sessuale imparando a dare voce alle emozioni proprie e altrui"[140].

Ciò che è importante è non lasciare che gli altri plasmino la nostra persona, ma che siano i nostri valori, le nostre emozioni, i nostri desideri a farci diventare la persona che possiamo essere.

Il saggio sistema valoriale interiore, che sapeva orientare, nei primi anni di vita, l'agire umano verso lo sviluppo, la crescita, la realtà e l'unicità non deve lasciare posto ad un nuovo sistema di valori propri di altri. Sistema che inconsciamente viene spesso abbracciato per la reale paura di perdere l'amore e la stima altrui. "Gli uomini che si pongono seriamente le questioni del bene e del male si ribellano quando qualcuno detta loro ciò che è bene e ciò che è male come se ci fosse una qualche realtà stabilita"[141].

Ciò che occorre, pertanto, è saper accettare il cambiamento, non percependolo come una minaccia ma come un'opportunità di

---

140 LUDOVICA LUMER, SEMIR ZEKI, *La bella e la bestia: arte e neuroscienze*, op.cit, p. 87-88

141 MARTIN BUBER, cit. in GIUSEPPE MILAN, *Educare all'incontro.La pedagogia di Martin Buber*, op.cit. p.p.65

miglioramento e di sviluppo. L'uomo deve cercare di non perdere la sua vera natura, ma modificarsi rimanendo sempre se stesso. Quando parliamo di unità non bisogna intendere un'unità statica, ma un unità sempre in evoluzione, che forte della conoscenza di sé sa affrontare il cambiamento. "Pur mantenendo la percezione della nostra unità nel tempo e nello spazio, la nostra identità cambia negli anni e nei diversi contesti. Nonostante il cambiamento che ci circonda e ci appartiene, noi sappiamo di essere agenti e attori dei nostri pensieri e delle nostre azioni"[142]. "La personalità vive alla ricerca di un equilibrio: un equilibrio tra forze interne ed influenze dell'ambiente, gestito e soprattutto elaborato dall'impronta unica e irripetibile della personalità"[143].

L'unità che l'individuo deve ricercare è quindi racchiusa nella capacità di mantenersi persona unica, reale, capace di accettare se stessa ed incontrare l'altro in una relazione *Io-Tu* che può avvenire solo quando i soggetti coinvolti sono sereni e hanno mantenuto fiducia nel proprio sentire interiore, capaci di mettere la propria voce in sinergia con la forza divina che giace

---

142 LUDOVICA LUMER, SEMIR ZEKI, *La bella e la bestia: arte e neurosceinze,* op.cit., p. 56

143 SARA NOSARI, *La prova del carattere,* op.cit., p.14

nelle loro profondità. Solo l'uomo unificato può compiere l'opera intera e non operare rammendi"[144].

Essere unico e conoscersi permette all'uomo di guardare all'unicità e quindi, come sostiene Buber, di conoscere. Solo quando l'uomo sarà in grado di individuare l'unità, superando la molteplicità delle parti, che compongono ciò che sta osservando, potrà dire di aver generato una relazione. Così, per Maria Montessori, la scuola che saprà andare oltre la frattura di corpo e mente, e quindi guardare al bambino come ad un essere unico, saprà concedere un'adeguata educazione.

Il bambino educato nella libertà, nel rispetto delle esigenze proprie ed altrui può diventare un uomo pienamente realizzato e psicologicamente maturo, capace di "continuare ed espandere quei caratteri positivi e creativi che già conosciamo dal bambino"[145]. Quest'uomo sembra possedere le caratteristiche necessarie a sperimentare una relazione autentica, in quanto sa considerarsi nella sua realtà, mutabile e in divenire, accettando i propri limiti e i propri difetti. Inoltre é in grado di guardare ad un altro

---

144 GIUSEPPE MILAN, *Educare all'incontro*, op.cit p.p. 52

145 AUGUSTO SCOCCHERA, *Maria montessori, una storia per il nostro tempo*, op.cit.,p.p.109

essere umano come ad un'unità riconoscendolo come persona, come essenza, comprendendo i suoi limiti e i suoi bisogni senza provare quel desiderio di possesso e di dominio che Buber attribuisce ad una relazione *Io-esso*.

Libertà e partecipazione

"La libertà non è star sopra un albero, non è neanche il volo di un moscone. La libertà non è uno spazio libero. Libertà è partecipazione"
Giorgio Gaber

Carl Rogers, Maria Montessori e Martin Buber concordano sull'idea di considerare la libertà come un'esperienza da cui deve partire l'azione educativa o, nel caso dello psicoterapeuta, il percorso di riabilitazione. La libertà del soggetto o del paziente è "solo" il punto di partenza per poter intraprendere un percorso di crescita e sviluppo personale o, come dice Buber, "la libertà è la rincorsa per il salto, l'accordatura del violino"[146].
Senza che il soggetto sia libero di decidere, di scegliere cosa fare, quando farlo, come farlo e perché, nessuna strada di sviluppo e di crescita può essere percorsa.
Le parole di Buber sono certamente chiarificatrici di ciò: "la libertà è da intendersi come decisione, come unica alternativa alla non decisione".

---

146 MARTIN BUBER,(a cura di) ANDREA POMA, Il principio dialogico e altri saggi, op.cit. p.170

Trattando il rapporto dell'uomo con il mondo e il passaggio dell'*individuo* verso la condizione di *persona*, Buber definisce la libertà come la risposta "al proprio destino, cioè alla parola che viene rivolta a ciascuno di noi come persona concreta, unica nel qui ed ora"[147].

Ciò non può non farmi pensare alla risposta che il bambino della Montessori deve dare al proprio maestro interiore, o come lo definisce Buber, l'impulso creativo originario.

Anche se in questo caso, vediamo venire meno il concetto della decisione, attribuendo la caratteristica di inconsapevolezza all'agire del bambino. Le mani del piccolo uomo si muovono da sole, è la propria guida interiore a dirigerle.

La volontà, la decisione di essere liberi, intendendo ciò come la volontà di rispondere al proprio destino, è invece ben chiaro nel concetto espresso da Rogers, quando descrive la libertà del cliente di essere se stesso, di decidere di dare voce alle proprie emozioni e quindi dare spazio alla propria forza attualizzante.

La libertà può essere intesa in più modi, guardando al soggetto da angolazioni differenti. Sicuramente lo sguardo della Montessori è interessato a cogliere e a perseguire l'agire libero del bambino nell'ambiente circostante,

---

147 ANDREA POMA, cit, MARTIN BUBER, Il principio dialogico ed altri saggi, op.cit.p.101

libero dall'intromissione dell'adulto, da ostacoli di natura fisica e psicologica. Vedremo, allora, un arredo adeguato alle sue dimensioni fisiche, una maestra calma, attenta e accogliente, un clima di lavoro silenzioso e stimolante. La Montessori precisa però che "la libera scelta ha si un proprio valore morale autonomo e psicologico ma la libertà senza organizzazione del lavoro sarebbe inutile ed antieducativa. Il bambino a cui si dà libertà senza i materiali è un bambino ingannato, simile al neonato lasciato libero ma senza il nutrimento appropriato. Viceversa un'organizzazione perfetta e scientifica sarebbe vana e perciò non educativa se impedisce la libertà di avvalersene secondo i propri bisogni"[148].

A questa libertà esteriore, di movimento, di azione, di scelta possiamo unire una libertà che Rogers identifica come "interiore, soggettiva, esistenziale"[149]. Per Rogers libertà è un atteggiamento dell'anima, è come libertà di scegliere il proprio atteggiamento in qualunque circostanza. Il soggetto sceglie liberamente di essere se stesso, di accettare la realtà e i sentimenti assumendosene la piena

---

148 AUGUSTO SCOCCHERA, *Maria Montessori, una storia per il nostro tempo,* op.cit.,p. 61

149 CARL ROGERS, *Libertà nell'apprendimento,* op.cit. p.312

responsabilità. Ciò significa anche considerarsi come un'entità continuamente in movimento, mutabile, non statica, ma sempre nuova e in divenire.

Ma questa libertà interiore, questa scelta intima dell'individuo di essere se stesso sempre a poco vale se non trova quell' ambiente favorevole della Montessori adatto alla manifestazione libera di sé.

La libertà è ciò che va ricercato ma è anche ciò che va concesso: la *direttrice* della Montessori, il *facilitatore* e lo psicoterapeuta rogersiani hanno il compito di "concedere" la libertà al bambino e al cliente. E' solo grazie ad un ambiente fisico, emotivo e relazione improntato sulla libertà che il bambino potrà vivere la libertà di decidere per sé e per la costruzione della sua persona. E' solo in uno studio dove la calma, la tolleranza, il rispetto, l'accettazione permetteranno al cliente di essere libero di esprimersi che quest'ultimo potrà ritrovarsi. La libertà esteriore è condizione necessaria per il manifestarsi della libertà interiore, ma ciò non è tutto: perché qualcuno possa concedere la libertà è necessario che lavori prima su di sé per trovare la propria libertà interiore e la propria realtà.

Possiamo perciò sostenere che perché esista la libertà esteriore, ovvero quella concessa, è necessaria la conquista della libertà interiore, colui che vive nella libertà sa concedere libertà la quale non può che generare altre persone libere. A conferma di ciò possiamo riportare alla mente la sopra citata preparazione spirituale della maestra, il percorso di conoscenza di sé dello psicoterapeuta e dell'educatore di cui ci parla Buber nel suo saggio *Sull'educativo*.

Ma anche un altro aspetto del concetto di libertà ci mostra i tre autori concordi, ovvero l'accostamento della parola libertà alla parola responsabilità.

Come ci dice Buber "vivere a partire dalla libertà è responsabilità personale, altrimenti è una farsa patetica"[150]. Ciò che Buber chiama *ricomprensione* sta ad indicare il ruolo chiave dell'educatore di saper "abbracciare l'educando" accettandolo nella sua unicità, "ma al tempo stesso deve circondarlo, condurlo e tenerlo entro i limiti della sua azione educativa"[151]. Ciò mi riporta alla mente le regole presenti nella scuola montessoriana. Poche regole, chiare e motivate dal rispetto degli altri, di se e dell'ambiente. La libertà, come suggerisce Maria Montessori, "deve avere come limite l'interesse collettivo, impedire ciò che nuoce agli altri o è indecoroso

---

150   MARTIN BUBER,(a cura di) ANDREA POMA, Il principio dialogico e altri saggi, op.cit. p.171

151 ANDREA POMA (Cit), Il principio dialogico ed altri saggi, op.cit. p.176

o sgarbato"[152]. Se un'azione può essere pericolosa per il bambino o può nuocere ad un altro o rischia di rovinare il materiale esposto allora l'intervento della maestra è necessario. Non è da intendersi però quale intervento punitivo o umiliante verso il bambino, ma sarà un intervento carico di comprensione e dolcezza. La maestra si preoccuperà di motivare la propria azione in modo limpido ed esaustivo e cercherà la via giusta per condurre il bambino verso un'attiva costruttiva.

Il maggior pericolo che incontra la ricomprensione buberiana è il sopravvento del libero arbitrio del maestro, "il quale possa adempiere al suo compito di selezione e di influenza a partire da sè e dal concetto che ha dell'educando"[153], ovvero dal suo libero pregiudizio.

L'unica strada perché il maestro possa conoscere l'altro, è creare un rapporto dialogico, è lasciare libera l'altra parte (l'educando) di manifestarsi nella sua realtà oltre ad essere disposto ad accettarlo per ciò che. E' così che il maestro, "nella misura in cui si accorge via via di ciò di cui ha bisogno o non ha bisogno in quel

152 MARIA MONTESSORI, La scoperta del bambino, p.54

153 MARTIN BUBER, Il principio dialogico e altri saggi, op.cit. p.180

momento- il bambino- giunge a conoscere sempre più profondamente ciò di cui l'uomo ha bisogno per diventare tale; ma anche a conoscere quanto egli- il maestro- può offrire di ciò che serve, ciò che può o non può ancora dare"[154].

Le parole di Martin Buber sono in sintonia con il concetto di pazienza che Maria Montessori considera caratteristica fondamentale della maestra. E' attraverso la paziente osservazione del bambino che agisce libero che l'adulto può conoscerlo e comprenderlo nella sua realtà ed unicità e è così che può chiarirsi il suo ruolo nel suo percorso di crescita.

Oltre a questo, libertà è anche rispetto: dei tempi di sviluppo, delle attitudini, degli interessi, della personalità. Questo è il motivo per cui all'interno della scuola montessoriana il materiale è in unica copia. Ogni bambino sceglie liberamente ciò su cui desidera esercitarsi, e la maestra, quando si accosta ad un bambino per presentare un materiale, per portare il proprio aiuto lo fa individualmente, in un rapporto uno ad uno, in un rapporto vero, autentico, sincero e coinvolgente. Sarà così che il bambino, oltre a conservare la lezione imparata dal materiale con cui ha lavorato, conserverà il ricordo emotivo di

---

154 Ibidem, p.181

quello specifico e prezioso incontro con la maestra.

Buber esprime in modo molto chiaro in un suo testo che la "libertà in educazione significa poter sperimentare un legame"[155], colui che non può sperimentare un legame con il mondo, con la natura, con gli altri uomini non è libero, ma costretto.

Rogers, parlando del suo progetto di apprendimento agevolativo, del suo progetto di "istruzione umanistica centrata sulla persona e orientata sul processo di sviluppo"[156]intende, a sua volta, la partecipazione di studenti e insegnanti alla scelta del programma di apprendimento. L'*agevolatore* fornisce i mezzi di istruzione, mettendoli a disposizione dello studente che "sceglie da solo "esplorando i suoi interessi e trovandosi di fronte a molteplici opportunità egli sceglie in base alla sua inclinazione personale e si assume la responsabilità per le conseguenze di tali scelte"[157].

---

155 MARTIN BUBER (a cura di) ANNA ALUFFI PENTINI, *Discorsi sull'educazione*, op.cit. p.47

156 CARL ROGERS, *Potere personale, la forza interiore e il suo effetto rivoluzionario*, op.cit. p.70

157 Ibidem, p. 71

Ma Rogers, pensando a ciò, si concentra sulla scuola elementare e sui percorsi di studio successivi. La Montessori, invece, ci illumina sulla necessità che questa impostazione sia da adottare ben prima, durante i primi anni di vita, quando il soggetto è in piena formazione di sé e della sua psiche.

E' proprio nella prima fase della vita che si sviluppano le basi per essere soggetti liberi, ma devono essere anche gli anni in cui il bambino deve vedersi concessa la libertà d'agire sull'ambiente per formarsi.

"La concezione di libertà che deve ispirare la pedagogia è universale: è la liberazione della vita repressa da infiniti ostacoli che si oppongono al suo sviluppo armonico, organico e spirituale. Realtà di suprema importanza sfuggita fino ad oggi ad una grande schiera di osservatori"[158].

---

158 MARIA MONTESSORI, La scoperta del bambino, op.cit. p. 10

Educare nella relazione

Educare nella relazione significa attribuire all'azione educativa il compito di instaurare, tra educatore ed educando, una relazione autentica nella quale entrambi i soggetti ripongano fiducia l'uno nell'altro, in un rapporto di reciprocità e stima reciproca.

I protagonisti si mettono in gioco nella loro realtà ed unicità e per questo vengono accettati e accolti incondizionatamente dall'altro.

Non esistono modelli precostituiti da proporre, ogni gruppo è formato da persone tra loro differenti, per interessi, per livello di sviluppo e qualità.

Ognuno necessita di ricevere un percorso educativo individualizzato e condiviso, in cui le libertà di pensiero, giudizio, azione e condivisione rappresentino il cuore dell'atto educativo.

La libertà concede creatività che dà adito a diversificati bisogni e richieste che, di conseguenza, necessitano di personali ed appropriate risposte educative.

Aria di cambiamento

Nei tre autori di cui trattiamo, possiamo leggere un comune atteggiamento critico nei confronti del sistema educativo e scolastico vigente durante il loro specifico periodo storico: gli inizi del XX secolo per Maria Montessori e Martin Buber, gli anni '60 e '70 del Novecento per Carl Rogers. Nonostante gli anni che li separano, le osservazioni non sono così diverse. Si direbbe che l'offerta educativa non si sia modificata nel tempo. Le osservazioni, le critiche, i suggerimenti che i tre autori propongono presentano un'attualità, a mio parere, interessante.

Nelle loro parole troviamo l'idea condivisa di un sistema scolastico fatto di "costrizione, fatto di prescrizioni impartite dall'alto, di modelli ritenuti validi in partenza e come tali imposti"[159].

La rigidità del sistema scolastico è perciò caratteristica dominante, associata ad una distribuzione del potere assolutamente ineguale, in cui è la gerarchia burocratica a determinare le relazioni, la spartizione dei compiti e le scelte nei riguardi dei programmi e delle nozioni da

---

159 MILAN,Educare all'incontro, op.cit.,p.78

trasmettere. Rogers focalizza l'attenzione sul concetto di potere e controllo, sottolineando la "differenza di status tra l'insegnante e lo studente"[160]: in essa l'alunno assume un ruolo esclusivamente passivo nel processo educativo. La rigida gerarchia all'interno della "macchina scuola" impedisce allo studente "di avere parte nella scelta dell'insegnamento[...] gli insegnanti neanche loro partecipano alla formazione dell'indirizzo educativo"[161]. Per Rogers la politica adottata della scuola si allontana da quelli che sono i valori della democrazia, della libertà e della responsabilità, nonostante, la scuola stessa, si preoccupi di trasmettere questi valori attraverso l'educazione ai propri alunni.

All'interno della classe "l'insegnante è il detentore di potere, lo studente colui che obbedisce"[162]. Il controllo del primo sul secondo è fondamentale, è alla base dell'azione educativa, continua Rogers. "Non ci si aspetta che lo studente sappia lavorare bene senza un controllo costante e la supervisione da parte

---

160 CARL ROGERS, Potere personale, la forza interiore e il suo effetto rivoluzionario, op.cit., p.68

161 Ibidem, p.69

162 Ibidem, p.68

dell'educatore"[163]. Ma il comportamento dell'insegnante, fondante l'ambiente psichico-relazionale, non è l'unico fattore a cui si può fare riferimento per cercare conferma di questo approccio direttivo e autoritario. Anche l'ambiente fisico era (ed è tutt'oggi) orientato alla direttività ed è specchio dell'ambiente emotivo vigente.

La Montessori ci presenta un'interessante delucidazione sugli studi scientifico-medici messi a punto agli inizi del secolo scorso circa la particolare e ricercata struttura del banco su cui i bambini sedevano a scuola. Lo studio era certamente incentrato sulla individuazione del banco migliore per combattere la scogliosi, ma dietro a questa motivazione medica si nascondeva la necessità, da parte del corpo insegnanti, proprio di esercitare quello scrupoloso ed indispensabile controllo sullo studente di cui parla Rogers. Il banco andava costruito in modo che "il fanciullo fosse il più possibile visibile nella sua immobilità, [...] risparmiandogli ogni mossa, affinché lo scolaro fosse incastrato bene nel suo banco"[164].

163 Ibidem, p.67

164 MARIA MONTESSORI, La scoperta del bambino, op.cit.,p. 11

L'azione di controllo e "l'arrogante strapotere dell'autorità educativa -sono- interventi che rendono i bambini rassegnati o ribelli"[165]. L'insegnante, dice Rogers, non rinuncia al suo ruolo di potere ed è convinzione diffusa che "i soggetti siano meglio governati se sono in uno stato costante o transitorio di paura"[166].

E' importante che il bambino stia fermo, zitto e accolga (con o senza entusiasmo, non importa) ciò che l'insegnante deve dirgli.

I bambini della scuola tradizionale sono abituati, sempre per Rogers, alla"ricezione passiva di una tradizione ricevuta dall'alto"[167],"l'insegnante travasa meccanicamente il contenuto di programmi nella loro intelligenza, programmi compilati spesso nei ministeri e imposti per legge"[168], aggiunge Montessori. Martin Buber definisce questo tipo di educazione, "l'*educazione ad imbuto* per esprimere l'azione di versare dall'alto una sostanza già costituita

---

165 GIUSEPPE MILAN, *Educare all'incontro. La pedagogia di Martin Buber*, op.cit.,p.78

166 CARL ROGERS, *Potere personale*, la forza interiore e il suo effetto rivoluzionario, op.cit.,p.69

167 GIUSEPPE MILAN,*Educare all'incontro. La pedagogia di Martin Buber*, op. cit.,p.78

168 MARIA MONTESSORI, *La mente del bambino,*op.cit.,p.2

all'interno di un recipiente vuoto che non deve essere altro che un contenitore"[169].

La principale causa di questa tipologia di relazione fondata sull'autoritarismo e sul controllo è sicuramente da ricercarsi nella considerazione che l'adulto aveva del bambino, il quale non era, ma forse anche non è, considerato come un soggetto capace di autoeducarsi, di scegliere il meglio per sé, di comprendersi. Lo si considerava come la famosa "tabula rasa" su cui incidere nozioni che l'avrebbero fatto diventare uomo integrato nella società.

Pertanto l'ambiente scolastico si presentava privo di occasioni di partecipazione attiva all'educazione, ciò che ricevevano veniva loro trasmesso, senza che essi lo potessero conquistare, ricercare, desiderare e condividere.

Ma il bambino è altro da ciò, come sostiene la Montessori: "Il bambino è un soggetto completo con procedure e tempi propri di adattamento e conoscenza, i quali si rivelano esclusivamente in un ambiente psichico e culturale preparato e proporzionato. Un tale ambiente rivela - i

---

169GUISEPPE MILAN, *Educare all'incontro. La pedagogia di Martin Buber*, op.cit., p.p.78

bambini - e nello stesso tempo li soddisfa e li realizza"[170].

L'importanza di guardare al bambino come essere completo è sostenuta anche da Carl Rogers quando afferma che si potrà avere una scuola diversa e libera quando "nel sistema scolastico non ci sarà più posto solo per l'intelletto ma per la persona completa"[171], ovvero quando chi si occupa di educazione saprà guardare al bambino come un'unità di mente e corpo, quando saprà vedere il lui una "forza rinnovatrice e costruttrice"[172].

La persona completa di Rogers, è quell'individuo considerato per i suoi sentimenti e le sue passioni, oltre che per il suo intelletto. Maria Montessori aggiunge a ciò il movimento.

Il corpo, come ci dice la Montessori, va considerato come parte attiva della costruzione della mente ed è per questo che l'organizzazione scolastica deve mutare se si vuole veder mutare i risultati. L'azione del bambino deve trovare nuovo spazio, per Montessori deve cessare

---

170 AUGUSTO SCOCCHERA, *Maria montessori, una storia per il nostro tempo*, op.cit.,p 53

171 CARL ROGERS, *Potere personale, la forza interiore e il suo effetto rivoluzionario*, op.cit.p. 69

172 MARIA MONTESSORI, *La mente*, op.cit.,p. 2

l'apprendimento di conoscenza esclusivamente attraverso il canale verbale in quanto "l'educazione non si acquisisce ascoltando le parole ma per virtù di esperienze effettuate sull'ambiente"[173]. I bambini, aggiunge la Dottoressa, "attraverso le mani si occupano di cose pratiche, sviluppando la propria creatività e acquisendo fiducia in se stessi e imparando a conoscersi"[174].

La stessa fiducia che la Montessori esprime per l'attività pratica e per il lavoro delle mani del bambino, si può estrarre dalle parole di Buber quando, trattando il tema dell'educazione, esprime il suo concetto circa la forza costruttiva del bambino il quale possiede la tendenza innata, che lui chiama *istinto della creatività*[175], a "voler fare", costruire e anche a distruggere. Il suo scopo è agire sull'ambiente per appropriarsene, modificarlo, sentirsi parte di un gruppo agente che è la società. A ciò Buber aggiunge che producendo il bambino impara molte cose che altrimenti non potrebbe imparare.

---

173 Ibidem, p. 3

174PAOLA GIOVETTI, *Indaco bambini indaco realtà del terzo millennio*, Roma, edizioni Mediterranee, 2003,p.56

175 MARTIN BUBER, (a cura di) ANDRREA POMA, *Principio dialogico ed altri saggi,* op.cit.,p.170

L'educazione deve pertanto operare quest'atto di liberazione delle forze del bambino, per poter, da ciò, costruire l'azione educativa.

Per Buber, però, a differenza di Maria Montessori, il tema della liberazione delle forze interiori del bambino "deve essere solo un presupposto dell'educazione, non più di questo"[176], perché il vero obiettivo da prefissarsi è la solidarietà. E' soltanto nella relazione con l'altro, nella pronuncia di un *tu* da parte del bambino che l'educazione ha ottenuto il suo scopo.

Buber non guarda al bambino nella sua individualità, come invece fanno Rogers e Montessori, e lo comprendiamo nel leggere le sue parole: "Un'educazione fondata solo sulla formazione dell'istinto della creatività preparerebbe una nuova, dolorosissima solitudine dell'uomo"[177].

Per Rogers e per Montessori il soggetto si forma individualmente per poter, forte della conoscenza di sé, instaurare sincere relazioni nel mondo, mentre per Buber l'uomo non può essere considerato nella sua individualità ma solo all'interno delle relazioni da lui instaurate.

---

176 Ibidem, p. 169

177 Ibidem, p. 166

Ciò che però accomuna i tre autori é certamente la forte convinzione di questa forza sconosciuta, inconscia e potente propria del bambino alla quale l'educazione deve dare voce.

Ma per liberare l'energia vitale che il bambino possiede, occorre avere un ambiente preparato ad accoglierle e un maestro che sappia riconoscere e valorizzare lo spirito del bambino. Di questa sensibilità ed abilità il maestro potrà appropriarsi solo se saprà farsi quello scienziato a cui ambisce Maria Montessori.

Ciò che occorre,si legge nelle prime pagine de *La scoperta del bambino*, è "far nascere nella coscienza del maestro l'interesse alla manifestazione dei fenomeni naturali in genere, prepararlo all'osservazione della natura"[178], "nello specifico, allo svegliarsi dell'uomo alla sua vita intellettuale"[179]. Ma, aggiunge la Montessori, "nulla possono fare i nostri maestri "scienziati" nelle scuole odierne, dove i fanciulli sono soffocati nelle espressioni spontanee della loro personalità come esseri morti e stanno fissi al loro posto rispettivo, sul banco, come farfalle infilate ad uno spillo, mentre dispiegano le ali

---

178 MARIA MONTESSORI, *La scoperta del bambino,* op.cit.,p. 6

179 Ibidem,p.8

del sapere aridamente acquisito"[180]. A sostegno di queste parole troviamo quelle di Carl Rogers che, parlando delle condizioni della scuola tradizionale in *Potere personale,* descrive un luogo "dove si reprime e, se possibile, si soffoca l'inesauribile curiosità del bambino normale e il suo eccesso di energia fisica".

L'educatore può accettare di non essere egli ad educare, ma il mondo, l'ambiente e le esperienze. L'educatore può scegliere di rinunciare alla sua centralità nel processo educativo e al suo sentimento di onnipotenza per lasciare la scena al bambino e all'ambiente in cui quel bambino è inserito. Colui che educa deve appropriarsi di un nuovo importantissimo ruolo, non in prima linea, ma ad un livello registico. Con la sua azione permettere al bambino di manifestarsi, liberarsi, crescere, acquistare autonomia, sicurezza ed indipendenza.

Maria Montessori aveva già anticipato i venti di rivoluzione culturale e sociale degli anni Sessanta e Settanta. Per lei "la preparazione dei maestri deve essere contemporanea alla trasformazione della scuola"[181], i maestri

---

180 Ibidem,p.18

181 MARIA MONTESSORI, *La scoperta del bambino,* op.cit,p. 20

osservatori e scienziati devono poter vivere un ambiente in cui possano osservare e sperimentare, perché è proprio dall'osservazione dell'agire libero del bambino che, per la Montessori, nasce l'agire dell'educatore. Osservandolo attentamente, senza pregiudizio alcuno e con l'umiltà di saper attendere il naturale manifestarsi dell'animo del bambino, il maestro può comprendere ciò che realmente serve al piccolo uomo. Ed è dall'analisi compiuta sulle osservazioni svolte che l'ambiente verrà trasformato ed adeguato a seconda delle personalità che si sono mostrate agli occhi dello "scienziato". L'ambiente fisico adatto, unito ad un ambiente emotivo e relazionale appropriato consentiranno il naturale sviluppo dell'animo e del corpo del bambino, inserito in una relazione autentica e significativa con l'ambiente materiale ed umano circostante.

Grande carattere e normalizzazione

Un importate scopo dell'educazione è la promozione e la conquista dell'autonomia. La scuola "a misura di bambino" della Montessori è pensata per favorire l'indipendenza: l'arredo è adeguato alle proporzioni del bambino, il materiale è sempre a sua disposizione, l'agire della maestra si adegua ai suoi tempi e bisogni.

Allo stesso modo una scuola che sviluppi "un sistema di istruzione centrato sulla persona", come desidera Rogers, ambisce ad offrire spazio di scelta ed autonomia allo studente il quale possa "decidere in base alla sua inclinazione personale e assumersi la responsabilità per le conseguenze di tali scelte"[182]. Il soggetto è autonomo perché partecipa in prima persona e responsabilmente al proprio processo educativo. Sapendosi *guardare* ed *ascoltare* egli comprende ciò di cui necessita e lavora autonomamente per conquistarlo.

L'autonomia e la responsabilità fanno affidamento sull'aiuto della *direttrice* della Montessori e dell'*agevolatore* di Rogers il quale "fornisce i mezzi di istruzione (se stesso, i libri, la sua esperienza, materiali, esperienze comunitarie), incoraggiando gli allievi a

---

182 CARL ROGERS, *Potere personale, la forza interiore e il suo effetto rivoluzionario,* op.cit., p.71

suggerire altre fonti di cui siano a conoscenza o di cui abbiano esperienza"[183].

Questa impostazione dell'azione educativa permette a colui che ha il compito di educare di avere di fronte a sé soggetti con richieste e bisogni molto differenti, con tempi di apprendimento diversificati. Il lavoro del "maestro" per tanto, non può essere standardizzato, non può pretendere di offrire alla classe un "prodotto preconfezionato" e attendersi gli stessi risultati da tutti gli alunni. Ogni individuo necessita di un percorso unico e personalizzato che non può essere costruito a priori dall'educatore, ma dallo studente stesso. Come sostiene Rogers, "la disciplina necessaria al conseguimento delle mete dello studente è autodisciplina ed è riconosciuta e accettata dall'allievo come sua responsabilità personale"[184].

La disciplina per la Montessori è spontanea. L'educatore deve guidare il bambino sulla via della disciplina, perché questa "nascerà quando il bambino avrà concentrato la sua attenzione sull'oggetto che lo attrae e che consente non soltanto un utile esercizio, ma il controllo

---

183 Ibidem, p.p.71,72

184 Ibidem,p.71

dell'errore"[185]. E' il lavoro, la ripetizione libera di un'attività che permette al bambino di divenire "calmo, radiosamente felice, occupato"[186], ovvero ordinato spiritualmente. La disciplina nella "Casa dei bambini" della Montessori "si raggiunge dunque per via indiretta, sviluppando l'attività nel lavoro spontaneo"[187].

Come sostiene Buber, il bambino "grazie all'attento educatore può riprendersi ovvero raccogliere la propria anima sfilacciata in tutte le direzioni, concentrarla e indirizzarla sempre nuovamente verso la meta"[188].

E' proprio la canalizzazione delle energie a permettere il raggiungimento di uno stato di concentrazione, uno stato che permette lo sviluppo spontaneo della disciplina, quello che Mihaly Csikszentmihalyi chiama il flusso. Con ciò intende quello stato psicologico di massima positività e gratificazione che si può percepire svolgendo una determinata attività e che

185 MARIA MONTESSORI, *La mente del bambino*, op.cit.,p.262

186 Ibidem,p.262

187 MARIA MONTESSORI, *La scoperta del bambino*, op.cit.,p. 330

188 MILAN, *Educare all'incontro*, op.cit.,p.52

corrisponde alla completa immersione nel compito[189].

Il raggiungimento della disciplina prevede due percorsi diversi per Buber e Montessori. La Dottoressa parla di autodisciplina del bambino dove la maestra ha il solo compito di favorire il sorgere dell'ordine e della concentrazione preparando un ambiente adeguato a ciò. Per Martin Buber l'educatore ha invece un ruolo attivo: "l'educatore deve realizzare disciplina e ordine, deve istituire una norma e può solo augurarsi e sperare che disciplina e ordine diventino via via una dimensione sempre più interiore e più autonoma"[190] nell'allievo.

Buber pronuncia queste parole nell'ultima parte del suo testo *Discorsi sull'educazione* dove la sua attenzione è concentrata sulla fascia di età propria dell'adolescenza. La Montessori invece racconta dell'autodisciplina nella casa dei bambini, che ospita utenti dai tre ai sei anni. Per tanto, rifacendomi al concetto dei periodi sensitivi della Montessori, ritengo che ci sia una precoce fase della vita in cui la disciplina può

---

189 MIHALY CSIKSZENTMIHALYI, *Optimal experience, psychological studies of flow in consciousness,* Cambridge University Press, 1988,p.14

190 MARTIN BUBER,(a cura di) ANNA ALUFFI PENTINI, *Discorsi sull'educazione,* op.cit., p.98

svilupparsi autonomamente senza dover imporla dall'esterno in un periodo successivo, ma solamente concedendo fiducia al bambino.

La disciplina si ottiene dando la libertà. Ed è attraverso l'azione, il lavoro che il bambino può ordinare la propria personalità ora unificata. L'azione insieme alla libera scelta contribuisce alla costruzione del carattere, come sostiene Sara Nosari: " il compimento [del carattere] è deciso dalle scelte e dalle azioni compiute dal singolo soggetto in-formazione"[191].

Il bambino ordinato tramite il suo agire è chiamato dalla Montessori, *normalizzato*.

Della *normalizzazione,* "la Montessori ne fa una parola di pieno significato antropologico volendo indicare un contesto di crescita e di sviluppo fondato sul rispetto delle leggi della vita e della sua difesa"[192]. *Normalizzazione* è un termine scelto per indicare una condizione di naturalità. "La normalizzazione coincide con la salute, con l'igiene psichica, che c'è quando tutti gli organi funzionano normalmente, che c'è quando non ci sono le deviazioni psichiche, quelle malattie funzionali che colpiscono l'infanzia alle prese con una società di adulti che

---

191 SARA NOSARI, *La prova del carattere,* op.cit., p.43

192 AUGUSTO SCOCCHERA, *Montessori: una storia per il nostro tempo,* op.cit., p.58

non la comprende. La normalizzazione è la liberazione dagli ostacoli e dalle deviazioni che distorcono lo sviluppo del bambino"[193] Ciò che colpì la Montessori durante le sue osservazioni in molti paesi del mondo, fu questa caratteristica della personalità, che notò essere una caratteristica comune ad ogni bambino che fosse lasciato libero di agire spontaneamente in un ambiente pensato ed adattato per lui e per le sue necessità.

Quindi l'obiettivo che l'azione educativa, di Maria Montessori, si pone è proprio quello dicondurre il bambino verso la condizione della normalizzazione che possiamo associare al termine di serenità e pace interiore, favorendo la libera attività e preparando un ambiente di lavoro adatto e stimolante che consenta la concentrazione. "Il bambino normalizzato è il bambino "ridestato" che dà indizi di desiderio, in cerca, seppur confusamente di segni e di parole"[194].

Quando la Montessori parla di normalizzazione indica un carattere comune a tutti i bambini, che possiamo considerare come un terreno di

---

193 RANIERO REGNI, *Infanzia e società in Maria Montessori. Il bambino è padre dell'uomo*, op.cit., p. 207

194 AUGUSTO SCOCCHERA, *Montessori: una storia per il nostro tempo*, op.cit., p.36

partenza da cui ogni bambino si svilupperà a seconda dei suoi interessi e delle sue inclinazioni. Nei primi sei anni di vita è racchiusa l'origine del carattere umano, ed è un periodo della vita in cui l'adulto non può avere alcun potere sulla mente del bambino, e può solo assecondarla nel suo percorso di crescita o ostacolarla.

Il prezioso valore dell'intervento del maestro sulla costruzione del carattere morale si mostra negli anni successivi: fra i sei e i dodici perché "la sua coscienza si è svegliata ed egli vede i problemi del bene e del male", ma ancor di più tra i dodici anni e i diciotto, continua Montessori, "quando il ragazzo comincia ad avere degli ideali, come il sentimento di patria, il senso sociale, la religione"[195].

Cosa si intende per carattere?

La Montessori definisce il carattere come "comportamento degli uomini che è spinto, anche se in molti casi inconsciamente, verso il progresso"[196].

In questa definizione possiamo ritrovare il concetto di *forza attualizzante* espresso da Rogers. L'uomo che, in qualsiasi condizione si

---

195 MARIA MONTESSORI, *La mente del bambino,* op.cit., p. 207

196 Ibidem, p.211

trovi, è sempre spinto ad agire per la propria conservazione e la propria evoluzione.

L'educazione, per la Montessori, deve indirizzare e sostenere i ragazzi verso il raggiungimento della perfezione del carattere. Per fare ciò l'educazione non deve focalizzarsi sulle qualità inferiori dell'uomo, ma deve guardare in alto, alle qualità superiori. Per ottenere ciò bisogna ambire alla creazione di uomini perfetti, o comunque che tendano a tale perfezione, al "giusto", come ci suggerisce Sara Nosari, considerando gli educandi come esseri potenzialmente impeccabili da un punto di vista morale e spirituale. Ecco che arriviamo alla concezione buberiana di ciò che è il carattere. Egli, guardando all'individuo, distingue la personalità dal carattere. "La personalità si forma al di fuori dall'influenza dell'educatore" mentre la formazione del carattere è parte integrante e centrale del compito di chi educa. La personalità è qualcosa di compiuto ma solo il carattere rappresenta un compito"[197]. Guardare alla persona come carattere significa "guardare al nesso tra l'unicità del singolo e la successione delle sue azioni e atteggiamenti"[198].

---

197 MARTIN BUBER (a cura di) ANNA ALUFFI PENTINI, *Discorsi sull'educazione,* op.cit. ,p.84

198 Ibidem, p.83

L'educazione, dice Buber, deve partire dall'alto, ovvero dalla considerazione positiva dell'educando, "sottolineando come il vero educatore sente di avere a che fare sempre e comunque con tutta la persona"[199].

Montessori, Buber, e Rogers concordano sulla necessità di guardare al potenziale dell'allievo, ciò che egli potrebbe diventare, educando la sua morale alle virtù della solidarietà e dell'accoglienza sincera di sé e degli altri. L'educatore buberiano è colui che "si mette in gioco senza proporre delle verità immutabili"[200]. L'educazione forma quello che Buber definisce *grande carattere,* intendo con ciò una persona che possiede importanti valori morali che si è costruita con l'aiuto di un "educatore attento, pronto ad educare alla volontà di arrivare ad una vera e propria presa di posizione", costituita su valori morali propri e sinceri. Buber "non rinnega l'importanza delle norme sociali ma per lui queste non sono fissate per sempre e in assoluto alle quali conformarsi passivamente. Ogni situazione di vita è atipica, intrisa di originalità proprio come una nuova nascita e

---

199 Ibidem, p.24

200 Ibidem,p. 23

chiede all'uomo una decisione personalissima e rapportata unicamente al presente."[201]

Ciò è perfettamente in accordo con il pensiero di Rogers, circa la capacità dell'uomo psicologicamente maturo e pienamente realizzato di non lasciarsi condizionare nel suo agire, dalle richieste del mondo esterno, dal giudizio dell'altro. Sapendo, invece, lasciarsi guidare dai propri sentimenti, dal sentire del momento, divenendo così un uomo perennemente in formazione, in crescita e che muta a seconda delle esperienze reali che sperimenta e dagli incontri che vive.

E' proprio questa capacità di lettura della realtà, di interpretazione propria degli accadimenti e delle emozioni che accomuna l'azione educativa dei tre autori. Il *Grande carattere* e *la persona pienamente realizzata,* "possiedono la capacità di giocare le proprie doti che lo abilitino a rapportarsi in prima persona con i compiti sempre emergenti"[202], come ci suggerisce Buber. Ciò è possibile per l'uomo grazie all'ordine della sua persona, quell'ordine nato dall'ambiente e dagli stimoli adeguati nel primo periodo di vita e

---

201 GIUSEPPE MILAN, *Educare all'incontro. La pedagogia di Martin Buber,* op.cit., p. 58

202 MARTIN BUBER cit in, GIUSEPPE MILAN, *Educare all'incontro. La pedagogia di Martin Buber,* op.cit. p. 59

dall'azione educativa in quelli successivi, quando "l'uomo grazie all'attento educatore può riprendersi, ovvero raccogliere la propria anima sfilacciata in tutte le direzioni, concentrarla e indirizzarla sempre nuovamente verso la meta"[203] della piena realizzazione, secondo Rogers, della perfezione per Maria Montessori.

203 GIUSEPPE MILAN, *Educare all'incontro. La pedagogia di Martin Buber,*op,cit., p. 52

Fine sociale dell'educazione

Educare il bambino significa educare l'uomo, perché "il bambino è costruttore dell'uomo"[204].

Il bambino racchiude in sé le potenzialità per divenire un uomo pacifico, tollerante, sicuro di sé, empatico e "lo sviluppo di queste potenzialità è lo scopo dell'educazione"[205] nel ricordo che l'uomo "non si sviluppa all'università, ma incomincia il suo sviluppo mentale dalla nascita e lo effettua con la maggior intensità nei primi tre anni di vita"[206].

Le parole di Maria Montessori sono perfettamente in sintonia con quelle di Buber quando accenna alla finalità ultima della educazione come ad una scoperta: "l'educazione deve scoprire il bambino, guardare alle sue potenzialità uniche ed originali ed è da ciò che deve partire l'azione educativa[207]. La stessa fiducia nel potenziale umano è riproposta da

---

204 MARIA MONTESSORI, *La mente del bambino*, op.cit., p.2

205 Ibidem, p.3

206   Ibidem,p. 7

207   GIUSEPPE   MILAN,*Educare   all'incontro.   La pedagogia di Martin Buber*, op. cit. p.72

Rogers, quando ipotizza una scuola improntata sul libero apprendimento, riconoscendo la capacità di giudizio, l'autonomia e le immense potenzialità dell'agire umano, nello specifico degli studenti nel loro percorso scolastico.

L'importanza dell'azione educativa consiste proprio nel suo ruolo di formare gli uomini di domani. L'integrità morale, l'unità psichica, la capacità di valutare la realtà e di instaurare relazioni autentiche, si sviluppano durante i primi anni di vita, ovvero all'inizio del percorso educativo.

Ormai è largamente stata accolta e condivisa l'importanza dell'educazione nei primi anni di vita, in quanto è il periodo in cui si gettano le basi dello sviluppo fisico e psichico: "Il tempo della prima infanzia è indubbiamente il più ricco. Esso deve essere valorizzato e "sfruttato" in tutti i modi possibili ed immaginabili per mezzo dell'educazione. La perdita di questo periodo è irreparabile. Anziché trascurare i primi anni di vita è nostro dovere coltivarli con la massima attenzione"[208].

L'uomo avrà fatto propri i sentimenti e i valori costruiti durante l'infanzia, l'esperienze vissute lo formeranno e lo potranno far essere un uomo migliore.

---

208   CARREL ALEXIS, *L'homme cet inconnu,* Parigi, 1947, p.222

Educazione e pace è il testo che nacque da una conferenza che Maria Montessori tenne a Ginevra nel 1932. In quell'occasione espresse il forte legame tra la parola pace e la parola educazione, sottolineando quanto questi due termini fossero strettamente interdipendenti, sostenendo, inoltre, che l'educazione è l'arma della pace e la pace è la condizione della buona educazione.

L'adulto che "avrà assorbito il sentimento del bambino, indifferente alle distinzioni di razza, stato sociale, credo religioso o politico facendosi cittadino dell'universo"[209], è un un uomo che è stato educato alla pace e alla solidarietà.

La parola solidarietà è associata da Buber al termine educazione, indicandola come scopo principale dell'azione educativa. La libertà, sostiene Buber, è il presupposto per sperimentare la solidarietà, ovvero l'incontro con l' altro. E' solo attraverso l'incontro e lo scambio, che l'uomo può essere "fedele alla sua natura dialogale che lo vuole disponibile all'altro da sé, nella direzione del Tu"[210]. Il "grande carattere" diventa "creatore del mondo

---

209 AUGUSTO SCOCCHERA, *Montessori: una storia per il nostro tempo,* op.cit., p.109

210 GIUSEPPE MILAN, *Educare all'incontro. La pedagogia di Martin Buber,* op.cit., p. 51

dell'unità, dove uomini e cose trovano senso proprio per la loro partecipazione ad una relazione dialogica che li rende soggetti attivi capaci di una costruzione continua"[211].

Buber non immagina una "vera realizzazione personale al di fuori dell'interumano, della sfera della relazione: la persona si realizza in quanto è incontro"[212]. Questo pensiero è confermato quando sostiene che il massimo di autonomia personale corrisponde al massimo di relazione interpersonale. Autonomia e relazione vanno di pari passo e per il filosofo non è possibile scinderle.

Rogers, sottolinea, invece, come l'instaurarsi di validi e produttivi rapporti interpersonali possa essere la conseguenza della capacità del soggetto di "trarre la fonte prima della sua sicurezza e del suo appagamento da sé stesso"[213]. Il tessuto relazionale e sociale è, per Rogers, uno scopo dell'uomo che, in quanto essere sociale, dovrà sapersi relazionare con gli altri. Per Buber, invece, l'uomo non può essere pensato nella sua

---

211 Ibidem, p. 52

212 Ibidem, p. 54

213   CESARE SCURATI, LUCIANO CAIMI, *Profili nell'educazione: ideali e modelli pedegogici nel pensiero contemporaneo*, Milano, Vita e Pensiero, 1991, p. 232

individualità perché riconosce l'uomo in quanto tale solo pensandolo nella relazione.

Per favorire le condizioni per cui l'individuo sia integrato nella società e sappia essere un uomo capace di instaurare relazioni autentiche in un clima di pace, è necessario evitare, quello che Montessori chiama, il disordine. Il significato di questa sua affermazione è racchiuso nella parole: "La strada che porta alla pace non può essere riconosciuta dalle assenze di guerra, ma dall'assenza di disordine, di lotte egoistiche, di disorientamento individuale e collettivo, di denutrizione mentale"[214]. L'ordine individuale può derivare da un'educazione centrata sulla persona che sappia concedere libertà di azione e di pensiero. Ed è questa la strada per la costruzione di uomini sereni, con forti valori propri, aperti verso il mondo, socialmente adatti e capaci di intessere relazioni sincere e proficue.

L'educazione, nello svolgere il suo compito pensa ai cittadini di domani, si preoccupa di offrire l'educazione morale necessaria alle relazioni future. Sfruttando le parole di Maria Montessori, possiamo aggiungere che attraverso l'educazione dobbiamo desiderare di "aiutare l'auto-costruzione dell'uomo nel periodo opportuno per dargli la possibilità di ascendere

214 AUGUSTO SCOCCHERA, *Maria Montessori: una storia per il nostro tempo,* op.cit., p.109

verso qualcosa di grande" [215] che Buber identificherebbe come la capacità di instaurare relazioni autentiche.

Per ottenere un'importante e significativa trasformazione sociale, insomma, è necessaria un'altrettanta consistente trasformazione scolastica.

Per Montessori, l'educazione va considerata "come un unico progetto ideale e politico: trasformazione sociale verso una condizione di libertà e di giustizia e la trasformazione scolastica verso una condizione autoeducativa per il bambino e scientifica per la maestra"[216].

Ma per fare ciò è necessario che l'offerta scolastica si allontani dal nozionismo e dalla direttività. E altresì deve cambiare il ruolo del maestro, non più detentore della "verità", ma aiuto allo sviluppo autonomo, all'autoeducazione.

Per Rogers questa esigenza si traduce nella necessità di superare la concezione della scuola come insegnamento. Ciò perché "l'insegnamento e la trasmissione di conoscenze hanno senso in un ambiente immutabile. Questa è la regione per cui l'insegnamento ha costituito,

---

215 MARIA MONTESSORI, *La mente del bambino,* op.cit.,p.213

216   AUGUSTO SCOCCHERA, *Montessori: una storia per il nostro tempo,* op.cit., p.169

per secoli, una funzione incontestabile, ma se esiste una verità incontrastata, per quanto concerne l'uomo moderno, è che egli vive in un ambiente che muta continuamente"[217].

L'uomo è un essere mutabile, adattabile, ma la sua personalità deve essere interiormente stabile ed unitaria per poter sopravvivere al cambiamento continuo del mondo esterno. La sua capacità di decidere, di scegliere il meglio per sé va adeguatamente educata per non soccombere, per non doversi adeguare a quel pericolo che Buber identifica nel collettivismo e nel conformismo. Per tanto, prosegue Rogers, "il fine dell'educazione deve essere l'agevolazione del mutamento e dell'apprendimento"[218].

La *facilitazione all'apprendimento significativo* di cui parla Rogers "si basa su certe qualità attitudinali che si manifestano nel rapporto interpersonale fra il facilitatore e il discente".

E' quindi la relazione tra le parti impegnate nel processo educativo a determinare il clima d'apprendimento e l'apprendimento stesso e di conseguenze è proprio questa relazione a stabilire il risultato finale dell'azione educativa, ovvero dell'uomo che nascerà.

---

217   CARL ROGERS, *Libertà nell'apprendimento,* op.cit. p. 129

218 ibidem, p.130

La relazione all'interno della scuola non è solamente quella che viene a crearsi tra maestro e bambino, ma è rappresentata anche dall'insieme delle relazioni che i bambini costruiscono fra loro. La socialità all'interno del gruppo classe su cui non si può non soffermarsi trattando il tema dell'educazione. Questo perchè la socialità fa parte del bambino stesso, è innata e come ci ricorda Buber, l'uomo non può essere pensato al di fuori delle relazioni sociale che intesse.

La scuola Montessoriana ha ricevuto critiche e opposizioni, una su tutte quella di Dewey, per l'individualimo che può generarsi all'interno di quest'organizzazione educativa. Non è però così: nell'ambiente montessoriano sussiste uno spirito comunitario (Montessori parla della sue scuole come "comunità per coesione") accompagnato dall'abbandono della competizione. "Nella concentrazione mentale, il bambino si libera di ogni spirito competitivo, da ogni sentimento negativo nei riguardi dei suoi compagni e, con la gioia e la calma del lavoro ritrova la calma e la gioia per la scoperta degli altri in quanto altri, per l'incontro amichevole con i compagni e per comportamenti associativi"[219].

La mancanza di competizione può essere la base per la costituzione del sentimento di solidarietà cui ambisce Buber e di certo è anche fondamento dell'apprendimento libero e autodiretto che esplica Rogers. Quando egli espone la sua concezione di scuola centrata sulla persona e sull'apprendimento agevolativo Rogers mira all'abolizione proprio di quel clima di terrore e di continuo conflitto tra le parti attive al processo educativo. Le votazioni non diventano strumento di potere del maestro e motivo di competizione tra gli allievi, ma rappresentano un mezzo di autovalutazione nelle mani del soggetto che apprende, ovvero dell'allievo. L'attività libera, l'autoeducazione hanno proprio l'obiettivo di permette al soggetto di seguire i propri naturali ritmi di lavoro, di crescita e di apprendimento per poter così viversi le relazioni sociali con i compagni, con i maestri, senza l'ansia della prestazione, del risultato da ottenere entro tempi e con ritmi predeterminati. "Nella scuola montessoriana- ma possiamo aggiungere anche nella scuola rogersiana- si hanno due ritmi: uno di

---

219 SIRA S. MACCHIETTI, GIUSEPPE SERAFINI, *Educazione morale. pagina di storia della pedagogia dell'infanzia,* op. cit., *p.76*

concentrazione individuale e uno di espansione sociale che sono interagenti e mutualmente biforcantesi"[220].

Lo sviluppo della socialità è certamente favorito da un'organizzazione scolastica che dia possibilità di sperimentare relazioni sociali significative. Maria Montessori individua questa possibilità nella compresenza, all'interno dello stesso ambiente educativo di bambini di età differente. La classe uniformata in base all'età degli alunni è "un errore fondamentale che dà luogo ad ogni specie di altri errori: è un isolamento artificiale che impedisce lo sviluppo del senso sociale [...] le nostre scuole hanno dimostrato che i bambini di età diverse si aiutano l'uno con l'altro; i piccoli vedono ciò che fanno i maggiori e chiedono spiegazioni, che questi danno loro volentieri"[221].

Questi avvenimenti trovano giustificazione per la Montessori per la capacità empatica di un bambino di cinque anni nei confronti di uno di tre. La comprensione reciproca si presenta più semplice e spontanea tra pari o con poca differenza di età, sicuramente maggiore di quella che può nascere tra un adulto ed un bambino.

---

220 Ibidem, p.77

221 MARIA MONTESSORI, *La mente del bambino,* op.cit., p. 224

"Vi è fra loro un'armonia ed una comunicativa, come è ben raro esista fra adulto e bambino piccolo"[222].

Sperimentare su di sé la solidarietà, offerta o ricevuta, durante il periodo dell'infanzia costituisce un valido punto di partenza per interiorizzare e sentire propria una profonda capacità empatica (ovvero la comprensione dell'emozioni altrui), di ascolto e di accoglienza dell'altro nell'età adulta. Come tutte le abilità, anche l'empatia e l'apertura verso l'altro, verso le differenze, va riconosciuta, educata e coltivata.

---

222 Ibidem, p.225

Conclusioni

L'educazione accogliente

Le relazioni che nascono tra i protagonisti del percorso educativo custodiscono una grande responsabilità nel successo o nell'insuccesso dell'atto educativo. Il maestro che saprà coltivare una relazione autentica e d'amore permetterà al bambino o al ragazzo che ha di fronte di crescere meglio.

Prendendo in prestito le parole di Martin Buber possiamo affermare che "l'educatore ha la responsabilità di avviare la dinamica dialogale, rimuovendo se necessario, le cause delle difficoltà interpersonali e favorendo l'istituzione di un adeguato clima educativo"[223].

Questo clima adeguato,è chiamato da Rogers "agevolativo" proprio per indicare come l'atteggiamento dell'educatore debba agevolare lo spirito del bambino, la sua personalità, dimostrandosi accogliente verso di lui, tenendo a mente non solo la persona che il bambino rappresenta in quel preciso momento, ma ciò che il bambino potenzialmente può diventare. Rogers nel suo testo *Libertà nell'apprendimento*, parlando delle caratteristiche che un buon educatore deve possedere, cita Martin Buber e il

---

223 DOMENICO SIMEONE, *La consulenza educativa: dimensione pedagogica della relazione d'aiuto*, Milano, Edizioni Vita e Pensiero, 2000, p. 84

suo concetto di contatto: "Il buon insegnante deve essere davvero un uomo vivo e presente ai suoi alunni, egli educa per mezzo del contatto. Il contatto è l'aspetto fondamentale dell'educazione"[224].

Perché il contatto e la relazione guidino l'agire del maestro, egli dovrà riconoscere di avere davanti a sé delle persone, ognuna con una propria storia, una propria personalità a cui il maestro deve adattarsi. Le sue azioni, le sue parole, il suo atteggiamento devono essere adeguati al soggetto che si trovano di fronte, i comportamenti standardizzati, che seguono il ruolo rivestito non permettono di educare nella relazione.

Perché ciò avvenga è importante che, come ci suggerisce Buber, "l'educatore che si rapporta positivamente con l'educando, lo individui, lo faccia emergere dall'anonimato, lo separi dalla molteplicità indifferente per concentrarsi sul rapporto con lui"[225]. Il maestro deve saper rinunciare a "possedere" l'allievo, ovvero a governarlo, misurarlo come accadrebbe instaurasse una relazione *Io-Esso*.

---

224 MARTIN BUBER cit. in, CARL ROGERS, *Libertà nell'apprendimento*, op.cit., p 132

225 GIUSEPPE MILAN, *Educare all'incontro. La pedagogia di martin Buber*, op.cit., p.51

Queste parole riflettono bene l'organizzazione della scuola montessoriana nel rapporto che si crea in classe tra maestra e alunno. Ogni bambino si concentra su di un materiale alla volta e la maestra, presentandone lo scopo e il funzionamento, è a sua disposizione, attenta a trasferire conoscenza in una comunicazione aperta.

E' in una dimensione scolastica come quella montessoriana che si possono creare le occasioni e le condizioni, per la nascita di una relazione sincera e significativa, capace di intessere quel rapporto dialogale autentico, cui ambisce Buber.

Ma per ottenere ciò, l'educatore deve partire da sé stesso. "Il cambiamento di sé, l'essere implicato personalmente in un cammino educativo è premessa necessaria per lo sviluppo di una relazione interpersonale autentica, nella quale l'*io* dell'educatore, libero da paure, manifesta la sua disponibilità ad accogliere il *tu* dell'educando"[226]. Inoltre, continua Buber, "lo sguardo dell'educatore accetta tutti, li accoglie".

E' l'umiltà dell'educatore, caratteristica pretesa anche dalla Montessori per la sua "maestra scienziata", a guidarlo ad ascoltare e comprendere i bambini che ha di fronte nella loro natura significativa. "Per cui l'esistere e

---

226 DOMENICO SIMEONE, *La consulenza educativa: dimensione pedagogica della relazione d'aiuto*, op.cit. ,p.84

l'esistere-così di ognuno dei suoi educandi è pur sempre il fatto decisivo, a cui la sua conoscenza "gerarchica" è subordinata"[227]

E' proprio l'accoglienza ad essere alla base dell'azione educativa centrata sulla relazione, in quanto il maestro deve prima di tutto accogliere se stesso, nella propria realtà, per poter accogliere l'altro nella propria unicità ed unità.

Come ci suggerisce Goleman, "l'empatia si basa sull'autoconsapevolezza: quanto più aperti siamo verso le nostre emozioni, tanto più abili saremo anche nel leggere i sentimenti altrui"[228]. Le recenti scoperte nel campo delle neuroscienze hanno portato alla luce il sistema dei neuroni a specchio che rappresentano la premessa biologica che conferma la predisposizione dell'essere umano a comprendere l'altro e le sue emozioni.

Questo approccio necessita di un ambiente che sia anch'esso accogliente e la Montessori ci ha dato testimonianza di che cosa ciò significhi.

Per accogliere con amore l'educando, "l'educatore deve essere consapevole che in ognuno c'è qualcosa di prezioso che non c'è in

---

227 MARTIN BUBER (a cura di) ANDREA POMA, *Principio dialogico e altri saggi,* op.cit., p.174

228 DANIEL GOLEMAN, *Intelligenza emotiva. che cos'è, perchè può renderci felici,* BUR psicologia e società, 2007, p. 124

nessun altro, deve mettersi alla ricerca di quel tesoro segreto che ciascuno custodisce e che aspetta di essere scoperto e valorizzato"[229]. Il segreto custodito nell'animo del bambino é racchiuso, per Rogers, nel suo potenziale. L'educatore deve riporre la sua fiducia incondizionata proprio in ciò che il bambino potrà diventare. Il rispetto per l'individualità di ogni bambino può stimolare la costruzione della fiducia personale dello stesso fanciullo[230].

Nell'atto di educare nella relazione, colui che conduce l'azione educativa deve omettere il giudizio e la direttività per poter aprirsi al dialogo e all'accettazione incondizionata, dando così occasione all'allievo di sentirsi stimato, considerato positivamente e libero di seguire il suo sentire interiore. La fiducia è un sentimento che non nasce solo nell'animo dell'educatore verso i suoi allievi, ma è un sentimento che deve essere reciproco, perché è proprio sul terreno della fiducia che può svilupparsi una relazione autentica. Come afferma Buber "nella sfera della fiducia [...]nasce un processo singolare: l'allievo accetta l'educatore come persona. Sente

---

229 DOMENICO SIMEONE, *La consulenza educativa: dimensione pedagogica della relazione d'aiuto*, op.cit., p. 85

230 PAOLA GIOVETTI, *Indaco bambini indaco realtà del terzo millennio*,op. cit., P.55

che si può fidare di questa persona, che questa persona non lo usa per trarre un profitto dalla situazione, ma partecipa alla sua vita, che questa persona lo conferma e lo sostiene, prima ancora di volerlo influenzare"[231]

Senza fiducia reciproca non può esserci relazione, e senza relazione non ci può essere libertà. Senza libertà non può esserci autonomia di apprendimento e di sviluppo e di conseguenza non può esserci quell'unità psichica che Buber, Montessori e Rogers attribuiscono all'uomo psicologicamente maturo. A ciò va aggiunto che la fiducia non la si può ottenere mantenendo le distanze emotive e fisiche che l'organizzazione scolastica di oggi impone. L'allievo e l'insegnante devono essere molto vicini, psichicamente, emotivamente, fisicamente, in quanto "la fiducia la si ottiene solo partecipando alla vita della persona con la quale si ha a che fare, vale a dire partecipando in modo diretto e senza pregiudizi alla vita dell'allievo e facendosi carico nei confronti dell'allievo della responsabilità che ne deriva"[232].

L'obiettivo dell'educazione, comune ai tre autori è dunque quello di educare alla capacità di

---

231 MARTIN BUBER (a cura di) ANNA ALUFFI PENTINI, *Discorsi sull'educazione,* op.cit., p.87

232 Ibidem, p.88

giudizio del proprio agire, dell'agire altrui, delle norme proprie e di quelle condivise. Dei propri desideri e dei propri bisogni senza necessità di nascondersi dietro al collettivismo, ai falsi sentimenti o ai valori accolti dall'esterno ma non sentiti interiormente.

Educare nella relazione significa saper costruire importanti legami di fiducia, fondati sul rispetto e sull'accoglienza reciproca per creare il terreno emotivo, relazionale adatto allo sviluppo sano, naturale, solidale, proprio di ciascun futuro cittadino del mondo.

Una riforma della prospettiva educativa nella relazione maestro\alunno, porta evidentemente a un generale ripensamento del sistema educativo sociale, con effetti sociale inediti e più volte prospettati.

"Una volta che ha accettato la necessità della scuola, un uomo, o una donna che sia, diventa facile preda di altre istituzioni. Una volta che hanno permesso che la loro immaginazione venisse plasmata da un insegnamento rigidamente pianificato, i giovani sono inevitabilmente condizionati ad accettare qualsiasi forma di pianificazione istituzionale. La cosiddetta istruzione soffoca gli orizzonti della loro immaginazione. Non è neppure da dire che vengano traditi, ma semplicemente sono defraudati, perché gli è stato insegnato a sostituire le aspettative alla speranza. Non avranno più sorprese, buone o cattive, dagli altri, perché gli è stato insegnato che cosa possono aspettarsi da qualunque persona che abbia ricevuto il loro stesso insegnamento. Da qualunque persona come da qualunque macchina. Questo trasferimento di responsabilità dall'individuo all'istituzione, specie quando lo si è accettato come un obbligo, è una garanzia di regresso sociale."[233]

Per concludere possiamo dire che *educare nella relazione* diventa il filo rosso di una trama di pensiero, che unisce le figure degli autori qui trattati a una visione più larga di riforme sociali, in cui i momenti e gli spazi educativi si aprono alla responsabilità individuale della persona in rapporto alle altre persone.

---

[233] IVAN ILLICH, *Descolarizzare la società,* op.cit, p.p.74-75

Appendice A: Biografia di Martin Buber

La vita

Martin Buber nacque a Vienna l' 8 febbraio del 1878 in una famiglia viennese di ebrei assimilati. In giovanissima età fu costretto a lasciare la casa per andare a vivere dai nonni paterni, in Galizia austriaca (attuale Ukraina), a causa della separazione dei genitori.

Vienna, oltre ad essere la città natale, fu anche il luogo dove intraprese gli studi universitari (filosofia, filologia e storia dell'arte) che poi proseguì a Lipsia, Zurigo e Berlino. Fu a Zurigo che incontrò Paula Winkler, la futura moglie.

Nella casa dei nonni, Martin entrò in contatto con la cultura ebraica grazie al nonno, grande appassionato e studioso della tradizione. Fu invece la nonna, donna colta ed intelligente, ad infondere in Buber l'amore per la parola *efficace*, "a cui non occorre parafrasi per essere compresa", come la definisce Giuseppe Milan [234].

All'età di 14 anni tornò a Vienna e all'ambiente laico presso la casa paterna, ciò gli diede occasione di incontrare, conoscere ed approfondire le opere di Kant, Kirkegaard e Nietzche.

Durante l'adolescenza Buber entrò in contatto con la comunità chassidica. (Il chassidismo è

---

234 MILAN GIUSEPPE, *Educare all'incontro, la pedagogia di Martin Buber*, Roma, Città Nuova Editrice, 2008, p.9

una corrente dell'ebraismo che nacque intorno alla metà del settecento in Ukraina occidentale per volontà di Israel ben Elieser. Fu un movimento mistico popolare con l'intento di dare nuova vita alle antiche norme e consuetudini, grazie alla consapevolezza che ogni azione compiuta con purezza poteva contribuire alla santificazione del mondo).

Questo primo approccio possiamo considerarlo come la base dello sviluppo del profondo interesse che Buber negli anni maturò per il chassidismo. Come ci suggerisce Giancarlo Morra con sue parole di introduzione a *Profezia e politica. Sette saggi*[235],

Buber è un pensatore unico, unitario e ciascuna parte del suo pensiero è incomprensibile se considerata a sé stante perché ognuna sorregge ed è sorretta dalle altre. Il suo lavoro sul chassidismo e sulla tradizione ebraica, che nascono dalla profonda conoscenza biblica, sono fondamentali per la comprensione della sua filosofia dialogica, la quale non può essere completamente assaporata se non si tiene conto dell'influenza che Simmel, Feuerbach e altri

---

235 MARTIN BUBER, MORRA GIANFRANCO (a cura di), *Profezia e politica. Sette saggi*,Roma, Città Nuova Editrice,1996, p.7

grandi pensatori hanno avuto sulla concezione di relazione di Martin Buber[236].

A Lipsia, durante gli studi universitari, nel 1898, aderì al movimento sionista, sentendosi ormai estremamente coinvolto dal mondo ebraico, dalla loro cultura e dalla loro posizione, specialmente sociale, nei paesi dell'Occidente. Il suo interesse all'interno del movimento si differenziava però da quello degli altri attivisti, più culturale e spirituale che non politico. Nei primi anni del Novecento dedicò molto tempo ed energie all'interno del movimento, puntando alla promozione di una rinascita della coscienza e della cultura ebraica. Dal 1899 in avanti, Buber, ebbe un ruolo di leader all'interno del Sionismo, in quanto redattore culturale del giornale sionista "Die Welt" e fondatore-redattore di "Der Jude" (periodico di riferimento per il popolo ebreo di lingua tedesca). In questa occasione cercò di fare luce sul destino spirituale del popolo ebraico in Europa e in Palestina.

Durante la prima guerra mondiale prese parte alla creazione della commissione nazionale ebraica in Germania. Il 1923, anno in cui Buber diede alla luce il suo capolavoro *Io-Tu*, segnò l'inizio della maturità del suo pensiero filosofico, ormai noto con il nome di filosofia

---

236 ibidem,p. 12

dialogica. Tra i maestri propriamente riconosciuti e altri autori che hanno sicuramente avuto molta importanza e fornito spunti al suo pensiero filosofico, non si possono non citare Feuerbach e G.Simmel, quest'ultimo considerato Maestro da Martin Buber. Da Simmel, Buber certamente trasse ispirazione per l'elaborazione del suo concetto di azione reciproca fra gli uomini, in quanto trattata, dal "maestro", come fondamento del dialogo[237].

Un paio d'anni più tardi accettò la proposta di curare una nuova edizione tedesca della Bibbia, con il supporto dell'amico Franz Rosenzweig, con l'intento di fornire l'esempio di un possibile dialogo fra la cultura tedesca e la tradizione ebraica. Lavoro che decise di continuare da solo dopo il 1929, anno della morte dell'amico.

Dal 1925 al 1933 Buber ricoprì il ruolo di professore di religione ed etica ebraica presso l'università di Francoforte. Fu l'avvento del movimento Nazista che costrinse Buber a lasciare la cattedra e, nel 1938 a trasferirsi a Gerusalemme.

Fu qui che, dopo la guerra, gli venne offerto di insegnare antropologia e sociologia all'università ebraica oltre alla direzione

---

237 NICOLA SQUICCIARINO, *Il profondo della superficie. Abbigliamento e civetteria come forme di comunicazione* in G.Simmel, Roma, Armando Editore, 1999, p. 46

(1949-1953) di un istituto per l'istruzione degli adulti. Inizialmente gli venne offerta una cattedra di Pedagogia presso l'università, probabilmente per i suoi studi pedagogici nati dopo l'avvento del Nazismo. Dal 1933 in poi si era infatti manifestato in lui l'interesse per la formazione e l'educazione dell'uomo[238]: Buber considerava l'educazione il grande problema dell'epoca, essendo l'essere umano, bisognoso di essere formato per potersi difendere, per potersi trasformare e per poter resistere nella difficile Europa che stava sorgendo[239].

Ma il suo interesse per il tema educativo ebbe più natura pratico-operativa che non teorica e fu per questo che decise allora di rifiutare l'incarico.

In questi anni continuò il suo lavoro, intrapreso in Occidente, di traduzione del testo sacro, che venne poi pubblicato, in quattro volumi tra il 1954 e 1962.

Gli vennero mosse obiezioni circa il suo intento di pubblicare la Bibbia in tedesco vista la sorte che avevano subito gli ebrei in suolo germanico, ma Buber era fermamente convito di voler la pubblicazione del suo lavoro, perché l'obiettivo

---

238 MILAN GIUSEPPE. *Educare all'incontro. la pedagogia di Martin Buber,* op.cit. p. 28

239 ibidem,p.29

era quello di parlare a tutti gli uomini occidentali e nello specifico all'uomo tedesco sprofondato nella crisi del suo tempo.

Al termine della seconda guerra mondiale, Buber intraprese un tour di conferenze tra l'Europa e gli Stati Uniti, occasione che gli permise, oltre ad un riavvicinamento con gli intellettuali tedeschi, la vincita del premio Goethe nel 1951 e del premio Israele nel 1958, anno della morte di Paula, moglie e madre dei loro due bambini nati nel 1900 e nel 1901. Fu l'anno 1963 ad Amsterdam a vedere Martin Buber vincitore del premio Erasmus.

Martin Buber, riconosciuto in Occidente quanto in Oriente filosofo, teologo e pedagogista morì il 13 giugno del 1965 a Gerusalemme. A lui si deve l'occasione di rinascita che il movimento hassim ha avuto presso i popoli europei, ma soprattutto è a lui che va attribuita la nuova idea di vita intesa non come soggettività, ma intersoggettività. Per Buber soggetto e intersoggettività sono complementari; esemplificazione della sua profonda convinzione in ciò é la famosa frase da lui pronunciata: "In principio è relazione".

Appendice B: Biografia di Carl Rogers

La vita

Carl Rogers nacque l'8 gennaio del 1902 in Illinois in un sobborgo di Chicago, da una famiglia molto unita e caratterizzata da principi morali e religiosi piuttosto rigidi. All'età di dodici anni si trasferì con tutta la famiglia in campagna, in un podere, dove trascorse un'adolescenza particolarmente solitaria.

Interessato a studi scientifici, legati all'agricoltura, probabilmente per il contesto nel quale dalla giovinezza era inserito, si iscrisse alla facoltà di Agraria nel 1919. Abbandonò presto questo percorso per dedicarsi allo studio della teologia. La scelta fu in parte determinata dalla devozione religiosa dei suoi genitori e in parte da alcune conferenze di stampo mistico a cui Rogers avevo preso parte.

Durante un viaggio di studio in Cina, in occasione di una conferenza internazionale organizzata dalla Federazione Mondiale degli Studenti Cristiani, Carl, ebbe l'occasione di mettere a confronto la cultura orientale con la cultura occidentale e ciò fu motivo della nascita in lui di seri dubbi sia nei confronti delle credenze e certezze religiose che aveva ereditato dalla tradizione familiare sia nei riguardi delle sua scelte di vita fino a quel momento compiute.

Fu in quell'occasione che decise di mettersi in discussione e dare spazio ai suoi reali e profondi interessi.

Nel 1924 Carl sposò Helen Elliot (che divenne la madre dei loro due bambini) contro il volere della famiglia e il suo trasferimento con lei a New York segnò il definitivo abbandono degli studi religiosi e l'avvicinamento al mondo della psico-pedagogia.

Rimase affascinato dalle teorie europee sull'esistenzialismo e in particolare dal lavoro di Otto Rank[240]. Partecipò a seminari e conferenze di natura psichiatrica e psicologica appassionandosi in particolar modo al periodo di vita dell'infanzia.

Venne assunto al "Child Study Departement" di Rochester per collaborare attivamente a progetti volti alla prevenzione della crudeltà degli adulti nei confronti dei bambini. Ebbe inizio, in questo contesto, il suo lavoro clinico.

Fu il periodo in cui Carl Rogers approfondì i temi legati alla relazione in sede terapeutica, materiale che utilizzò poi per i suoi corsi di psicologia clinica presso l'Università dell'Ohio (cattedra ottenuta grazie alla pubblicazione di The Clinical Treatment of the Problem Child, alla Chicago Univerity e all'Università del

---

240 ALESSANDRO ZUCCHELLI, *Perchè non mi capisci,* Unibook Editore, 2010, p. 274

Wisconsin (1957). In quest'ultima esperienza universitaria, con la collaborazione di alcuni colleghi e studenti, iniziò un ambizioso progetto di ricerca per verificare l'ipotesi che l'approccio alla persona potesse essere efficace anche con pazienti schizofrenici ospedalizzati.[241]

Del 1942 è l'opera *Counseling and Psychotherapy*, lavoro che getta le basi della terapia centrata sul cliente e del movimento di psicologia umanistica[242].

Nel 1944 fece ritorno alla sua città natale, Chicago, dove aprì il primo "counseling center" che gli diede occasione di unire la ricerca clinica al lavoro di terapia non direttiva, teorizzando una nuova modalità relazionale che terapeuta e cliente possono adottare per affrontare il loro percorso. Non più considerato come un percorso di guarigione fornita dal terapeuta, ma sviluppo e crescita personale vissuta dal cliente.

Nel 1951 pubblicò il suo lavoro principale *Client- centered- therapy*, che può essere considerato manifesto del pensiero di Carl Rogers.

Nel 1964 lasciò l'insegnamento per trasferirsi in California e dedicarsi alla sperimentazione del

241 MARGHERITA LANG, *Psicologia clinica volume 4*, Milano, Franco Angeli,1989,p. 399

242 Ibidem,p. 274

lavoro sui gruppi presso il centro di comportamento di *La Jolla*.

Il 27 gennaio 1987 ottenne la candidatura al premio Nobel per la pace grazie alle sue teorie, degli ultimi anni, incentrate sul conflitto sociale. Ma Rogers morì pochi giorni dopo, il 4 febbraio, a causa di un attacco cardiaco, all'età di 85 anni, dopo aver trascorso gli ultimi anni della sua vita in giro per il mondo a diffondere e far conoscere il suo pensiero e le sue teorie.

Oggi è sicuramente riconosciuto come esponente significativo della psicologia umanistica, in particolar modo grazie all'innovazione apportata alla materia con la "scoperta" della *forza attualizzante* e la considerazione estremamente umana del cliente, approccio ben diverso da quello adottato in psicoanalisi e dai comportamentisti[243].

Rogers influenzò la natura dello studio e della pratica della psicoterapia diffondendo, per tutta la vita, la sua convinzione sull'importanza delle risorse interiori degli esseri umani.[244]

---

243   HORWARD, KIRSCHENBAUM E VALERIE LAND HENDERSON (a cura di), *Dialoghi di Carl Rogers*, Molfetta (BA), Edizioni La Meridiana, 2008,p. 7

244   JEROLD D.BOZARTH, *La terapia centrata sulla persona, un paradigma rivoluzionario*, Roma, Sovera multimedia, 2001 p.38

Oltre alla psicoterapia si deve ricordare l'influenza che il lavoro di Carl Rogers ha avuto nel campi dell'assistenza sociale, dell'educazione, dello sviluppo delle risorse umane, della medicina centrata sul paziente e della promozione della salute e del benessere.

Chi ha collaborato con lui ha sostenuto di avere avuto l'onore di lavorare con " [...]un grande vero maestro": ogni individuo ha la capacità di indirizzare la propria vita in un modo che sia allo stesso tempo personalmente soddisfacente e socialmente costruttiva".[245]

---

245 CARL ROGERS, *Terapia centrata sul cliente*, Molfetta (BA), Edizioni La Meridiana, 2007,p.7

Appendice C: Biografia di Maria Montessori

La vita

Maria Montessori nacque a Chiaravalle, paese in provincia di Ancona, il 30 agosto 1870. Trascorse l'infanzia e l'adolescenza a Roma, dove la famiglia si trasferì per motivi lavorativi del padre. Dopo aver frequentato le scuole dell'obbligo, decise di intraprendere studi di natura scientifica e riuscì, nel luglio del 1896, a laurearsi in medicina presso l'università La Sapienza di Roma dove, in seguito, fu libera docente di antropologia pedagogica[246].

Maria Montessori fu tra le prime donne in Italia a diventare medico, carriera fino ad allora principalmente perseguita dagli uomini.

Durante i suoi studi entrò in contatto con il mondo della psichiatria, e furono tali incontri a darle occasione di intraprendere ricerche di tipo sperimentale in laboratorio e di compiere attività di osservazione nelle stanze del manicomio dell'Ospedale di Santa Maria della Pietà di Monte Mario. In quel contesto, dice Montessori, "ebbi occasione di frequentare il manicomio per lo studio dei malati da scegliere a scopo di didattica clinica e in tal modo m'interessai ai

---

246 PAOLA GIOVETTI, *Bambini realtà del terzo millennio*, p.55

bambini idioti ricoverati nel manicomio stesso"[247].

Cominciò così ad occuparsi dei bambini allora detti oligofrenici, ovvero affetti da disturbi mentali, i quali vivevano all'intero dell'ospedale in condizioni di carenze affettive e ambientali. Lo scadente contesto di vita era dovuto ad un ambiente fisico e psichico che si presentava, per le piccole creature, povero ed insufficiente allo sviluppo della loro persona. La scelta di Maria Montessori era ormai evidente: la sua sarebbe stata una vita dedicata alla medicina mentale infantile[248].

Per approfondire le sue conoscenze, Maria Montessori, si recò in Francia dove venne a conoscenza del lavoro svolto da Itard e Séguin, medici francesi che si occupavano del recupero e dell'educazione di bambini sordi e affetti da vari handicap. Da questo fortunato incontro, Maria, capì che l'educazione dei sensi era la via maestra per potenziare la capacità mentale. "A differenza dei miei colleghi, ebbi l'intuizione che la questione dei deficienti fosse

247 MARIA MONTESSORI, *La scoperta del bambino*, op. cit. p. 22

248 AUGUSTO SCOCCHERA, *Maria montessori, una donna per il nostro tempo*, Roma, Edizioni opera nazionale montessori, 2005, p.22

prevalentemente pedagogica, anziché prevalentemente medica"[249].

Comprese, quindi, l'importanza di prediligere un intervento educativo come risposta al disagio infantile, piuttosto che un intervento medico.

Cominciò, così, a lavorare a Roma con i bambini proponendo loro materiali scientifici conosciuti in Francia e da lei rielaborati.

Il 1898 fu l'anno della nascita di suo figlio Mario, bambino che fu costretta ad affidare ad una famiglia di sua conoscenza, a causa della difficoltà della società del tempo di accettare e tollerare la figura di ragazza madre, quale era Maria. Riprese suo figlio con sé solo nel 1913, alla morte di sua madre , e Mario diventò, anni dopo, il suo principale collaboratore.

Il lavoro di Maria Montessori venne osservato e apprezzato anche al di fuori del contesto universitario. Nel 1907 l'ing. Talamo le propose la creazione di un luogo pensato per la custodia dei bambini in età pre-scolare all'interno del quartiere San Lorenzo, alla periferia di Roma, ove stava sorgendo un grande complesso edilizio. Fu l'interesse sociale e pedagogico a spingere la Montessori ad accettare l'invito dell'Ing. Talamo. L'intento fu quello di superare la prospettiva della custodia e creare una scuola

---

249 MARIA MONTESSORI, *La scoperta del bambino*, op. cit p. 23

nuova in un quartiere *nuovo* anche dal punto di vista delle relazioni umane[250].

Fu in quest'occasione che Maria Montessori, non avendo mai lavorato ad un progetto educativo per bambini normo-dotati, trovò un terreno vergine per adottare e sperimentare con successo il suo metodo[251], finora solo applicato con i bambini affetti da deficit mentali. La scelta fu motivata dalla convinzione che, il metodo, potesse essere ugualmente valido. La sua intuizione si rivelò esatta: nacque così la prima Casa dei Bambini, ospitante fanciulli di età compresa tra i tre e i sei anni.

Nel giro di pochi tempo abbandonò la professione di medico per dedicarsi a tempo pieno alla formazione degli adulti, all'avviamento delle nuove maestre, al sostegno e alla guida di genitori, educatori nonché all'applicazione del suo metodo.

La nuova proposta educativa montessoriana cominciò a diffondersi nel resto d'Italia oltre che all'estero, nei quartieri popolari come nelle case dell'alta borghesia. Tra gli anni '20 e '30, in Europa e in Italia, furono aperte decine e decine

---

250 FRANCOESCO DE BARTOLOMEIS, *Maria montessori e la pedagogia scientifica*, Firenze, Ed. Nuova Italia, 1953, p. 26

251 NATALINO NATOLI, LEDA DE SANTIS, SABINA GIANNINI, *Lezioni di pedagogia*, Padova, Ed.Piccin, 2006,p.31

di scuole per i bambini piccoli di tre anni sino ai ragazzi del liceo. A loro vennero offerti ambienti educativi impostati sulla libera scelta, l'autoeducazione, il senso di responsabilità, caratterizzati dalla presenza di materiale scientifico-sensoriale. Di primaria importanza era la centralità del bambino nel progetto educativo. In concomitanza all'apertura delle scuole, Montessori, continuò anche il lavoro di formazione delle maestre.

La pedagogia che sottostava al progetto educativo di Maria Montessori portò gran parte del mondo politico e degli intellettuali ad essere diffidenti nei suoi confronti, considerando le basi ideologiche del metodo "pericolose". Per esempio l'assenza dei valori di sottomissione, autorità e rigido controllo che l'adulto del tempo voleva presente nell'educazione del bambino.

Nel 1924 nacque l'Opera Nazionale Montessori, grazie all'iniziale appoggio di Mussolini, il quale divenne presidente dell'opera stessa. Ma personaggi di spicco dell'epoca come Gentile, Croce, e Lombardo Radice, ostacolarono il percorso della Dottoressa Chiaravalle, non condividendone i principi alla base del suo pensiero. Mussolini, a sua volta, si accorse che la sua idea d'insegnamento di ordine, disciplina e lavoro era ben altro da ciò che intendeva Maria Montessori. Fu così che il suo sostegno venne meno e nel 1934, il fascismo, fece chiudere tutte le scuole che portavano il nome di Maria Montessori, sia in Italia che in Germania. La libera scelta, la libertà di pensiero, la disciplina spontanea erano concetti che il Duce non poteva vedere associati all'educazione delle nuove generazioni.

L'Opera Nazionale Montessori venne chiusa nel 1936, anno in cui Maria aveva già abbandonato l'Italia.

Trascorse il periodo della seconda guerra mondiale lontano dal suo paese di origine. I suoi ideali umanitari e pacifisti la costrinsero ad intraprendere un esilio volontario nel 1934[252], in Spagna, Inghilterra, India dove poté continuare, liberamente, a compiere la sua missione.

L' esperienza in territorio indiano, in particolare, fu per la Montessori occasione di approfondimento di alcuni aspetti del metodo; in particolare sviluppò il concetto di educazione cosmica, che rappresenta il principio fondante del percorso scolastico offerto ai bambini dai sei a dieci anni. Il messaggio racchiuso nel concetto dell'educazione cosmica vede l'uomo quale cittadino del mondo e dell'universo. L'idea dell'educazione cosmica nacque proprio da

---

252   Ibidem, p. 31

questa visione dell'inter-essere[253], ovvero dell'individuo in costante relazione con tutto ciò che è parte del suo mondo.

Nel 1947, quando fece ritorno in Italia, riaprì l' Opera Nazionale Montessori.

Fu candidata al premio Nobel per la pace anche grazie ai suoi lavori sulla correlazione che intercorre tra il concetto di educazione e quello di pace.

Gli anni dopo la guerra videro la Montessori impegnata nello studio del neonato e del bambino nei primi tre anni di vita.

Dagli anni Settanta le allieve di Maria Montessori iniziarono ad istituire asili nido ispirati al suo metodo educativo.

Maria Montessori morì in Olanda il 6 maggio del 1952.

In tutto il mondo, oggi, esistono centinaia di luoghi montessoriani: oltre a scuole di ogni ordine e grado, sono attivi centri di formazione e i suoi testi sono stati tradotti in molte lingue e discussi all'interno di congressi e seminari in tutto il mondo.

---

253   ELENA BALSAMO, *Libertà e amore approccio montessoriano per un'educazione secondo natura*,Torino, Ed. Il leone verde, 2010, p. 141

Bibliografia

ADAMCZEWSKI VOJCIECH, H., *Il significato del dialogo nell'incontro interumano alla luce della filosofia di Levinas*, Roma, Edizioni Pontificia Università Gregoriana, 2007

BALSAMO E., *Libertà e amore approccio montessoriano per un'educazione secondo natura*,Torino, Ed. Il leone verde, 2010

BOBBIO A., *Il bambino tra teoria ed educazione. visioni, interpretazioni e problemi di pedagogia dell'infanzia*, Milano, Edizioni Vita e Pensiero, 2008

BOCCIA P., Socializzazione e controllo sociale,corso di scienze sociali per il II anno dei licei delle scienze sociali,M&P edizioni,2008

BOTTERO E., Il metodo di insegnamento: i problemi della didattica nella scuola di base

BOZARTH, J., D, *La terapia centrata sulla persona, un paradigma rivoluzionario, Roma, Sovera multimedia*, 2001

BUBER M., MORRA G., (a cura di), *Profezia e politica. Sette saggi*,Roma, Città Nuova Editrice, 1996

BUBER M., POMA A., (a cura di) *Il principio dialogico e altri saggi*, Cinisello Balsamo (Milano), Edizioni San Paolo, 1993

BUBER M., *Le parole di un incontro*, Roma, Città Nuova Editrice, 2000,

BUBER M, *Sette discorsi sull'ebraismo*, Assisi-Roma,Edizioni Carucci, 1976

BUBER M., ALUFFI PENTINI A. , *Discorsi sull'educazione*, Roma, Armando Editore, 2009

BUBER M., *The education of character, between man and man*, Mac Millan Paperbacks, New York 1965

BURLA F., CAPOZZI S., LOZUPONE E., *Elementi di psicologia,pedagogia,sociologia per le professioni sanitarie*, Milano, Franco Angeli, 2007p.99

CARREL ALEXIS, *L'homme cet inconnu*, Parigi, 1947

CHIOSSO GIORGIO, *Novecento pedagogico,*Brescia, Editrice La scuola, 2006

COSENZA, CIVITA COLOMBO, ZENDRI, PEIRONE, VILLA, COZZI, RIGLIANO, *La cura della malattia mentale volume1 Storia ed epistemiologia*, Milano, Bruno Mondadori,1999

CSIKSZENTMIHALYI M., *Optimal experience, psychological studies of flow in consciousness,* Cambridge University Press, 1988

DE BARTOLOMEIS F., *Maria Montessori e la pedagogia scientifica*, Firenze, Ed. Nuova Italia, 1953

MINA DE SANTIS, *Quale didattica*, Perugia, Morlacchi Editore, 2010

GIOVETTI P., *Bambini realtà del terzo millennio,* Roma, Edizioni Mediterranee, 2003

GIROTTI L., *Progettarsi. L'orientamento come compito educativo permanente*, Milano, Vita e Pensiero, 2006

GOLEMAN D., *Intelligenza emotiva*, Milano, Edizioni Bur, 1999

HORWARD, KIRSCHENBAUM E VALERIE LAND HENDERSON (a cura di), *Dialoghi di Carl Rogers*, Molfetta (BA), Edizioni La Meridiana, 2008

IACOBONI MARIO, *I neuroni specchio. Come capiamo ciò che fanno gli altri,* Torino, Bollati Boringhieri, 2008

ILLICH I. , *Descolarizzare la società,* Arnoldo Mondadori Editore, 1972

LANG M., *Psicologia clinica volume 4*, Milano, Franco Angeli,1989

LEBOYER F., Birth without violence, Alfred A. Knopf, New York, 1975

LO IACONO A., SONNINO S., *Respirando le emozioni, psicofisiologia del benessere*, Roma, Armando Editore, 2008, p.p.60

LUMER L., ZEKI S., *La bella e la bestia: arte e neuroscienze,* Bari, Edizioni Laterza, 2011

MACCHIETTI S. S., SERAFINI G., *Educazione morale. Pagine di storia della pedagogia dell'infanzia*,Roma, Armando Editore, 2011

MARMOCCHI P., DALL'AGLIO C., ZANNINI M., *Educare le life skills: come promuovere le abilità psicosociali e affettive secondo l'organizzazione mondiale della sanità,* Edizioni Erikson, 2004

MILAN, G., *Educare all'incontro, la pedagogia di Martin Buber*, Roma, Città Nuova Editrice, 2008,

MONTESSORI M., *Educazione e pace*, Roma, Edizioni opera Nazionale Montessori, 2004

MONTESSORI M., Educazione per un mondo nuovo, Milano Garzanti Editori, 2000

MONTESSORI M., *La mente del bambino*, Milano, Garzanti Editori, 1999

MONTESSORI M., *La scoperta del bambino*, Milano, Edizioni Garzanti, 1999

MONTESSORI M., *Il segreto dell'infanzia*, Milano, Garzanti Editori, 1999

MUSAIO, M., *Pedagogia del bello, suggestioni e percorsi educativi*, Milano, Franco Angeli, 2007

NACCARI A., G., A., *Persona e movimento. Per una pedagogia dell'incarnazione*, Roma, Armando Editore, 2006

NANETTI F., *Couseling ad orientamento umanistico-esistenziale. Pluralismo teorico operativo nella formazione integrata alla comunicazione efficace in ambito clinico,educativo, familiare e professionale*, Bologna, Pendragon, 2009,p.p.135

NATOLI N, DE SANTIS L., GIANNINI S., *Lezioni di pedagogia*, Padova, Ed.Piccin, 2006

NOSARI SARA, *La prova del carattere*, Brescia, Editrice La Scuola, 2005

RANIERO REGNI, *Educare con il lavoro: la vita activa oltre il produttivismo e il consumismo*, Roma, Armando Editore, 2006

RANIERO REGNI, *Infanzia e società in Maria Montessori.il bambino padre dell'uomo*, Roma, Armando Editore, 2007

ROGERS C., *Terapia centrata sul cliente*, Molfetta (BA), Edizioni La Meridiana, 2007
ROGERS C., *Libertà d'apprendimento*, Firenze, Giunti Barbera, 1981

ROGERS C., *Potere personale. La forza interiore e il suo effetto rivoluzionario*, Roma, Casa Editrice Astrolabio-Ubaldini Editore, 1978,

SCOCCHERA A., *Maria montessori, una donna per il nostro tempo*, Roma, Edizioni Opera Nazionale Montessori, 2005,

SCURATI C., CAIMI L., *Profili nell'educazione: ideali e modelli pedegogici nel pensiero contemporaneo,* Milano, Vita e Pensiero, 1991

SHLOMIT C. SCHUSTER, *La pratica filosofica*, Milano, Apogeo Editore,2006

SIMEONE D., *La consulenza educativa: dimensione pedagogica della relazione d'aiuto,* Milano, Edizioni Vita e Pensiero, 2000

SIMONELLI I., SIMONELLI F., *Atlante concettuale della salutogenesi, Modelli e teorie di riferimento per generare salute*, Milano, Franco Angeli, 2010

SQUICCIARINO N., *Il profondo della superficie. Abbigliamento e civetteria come forme di comunicazione* in G.Simmel, Roma, Armando Editore, 1999

THORNE B., *Carl Rogers, key figures in counselling and psychotherapy*, Sage, 2003, pp. 24

ZUCCHELLI A., *Perchè non mi capisci, Unibook Editore*, 2010

A Ruggero per l' infinita pazienza, l'amore e il determinante supporto.